中华人民共和国
职业分类大典

2022 年版

增补调整本 2024

中国劳动社会保障出版社

图书在版编目（CIP）数据

中华人民共和国职业分类大典：2022 年版. 增补调整本. 2024 /《中华人民共和国职业分类大典（2022 年版 · 增补调整本 2024）》编写组编. -- 北京：中国劳动社会保障出版社，2025. -- ISBN 978-7-5167-6927-0

Ⅰ. F249.2-61

中国国家版本馆 CIP 数据核字第 2025H9B210 号

中华人民共和国职业分类大典（2022 年版 · 增补调整本 2024）

ZHONGHUA RENMIN GONGHEGUO ZHIYE FENLEI DADIAN
（2022 NIAN BAN · ZENGBU TIAOZHENGBEN 2024）

中国劳动社会保障出版社出版发行

（北京市惠新东街 1 号　邮政编码：100029）

*

北京盛通印刷股份有限公司印刷装订　　新华书店经销

787 毫米 ×1092 毫米　16 开本　6 印张　130 千字

2025 年 6 月第 1 版　　2025 年 11 月第 2 次印刷

定价：27.00 元

营销中心电话：400-606-6496

出版社网址：https://www.class.com.cn

前　言

职业分类是我国人力资源开发管理领域中的一项长期而重要的基础性工作。1999 年 5 月，我国颁布了第一部《中华人民共和国职业分类大典》（以下简称《大典》），填补了我国职业分类工作的空白。进入 21 世纪后，随着经济社会的快速发展，我国的职业构成发生了巨大变化。2015 年，人力资源社会保障部会同国家质检总局、国家统计局颁布了 2015 年版《大典》，进一步完善了我国的职业分类体系。

“十三五”时期，我国经济实力、科技实力、综合国力跃上了新台阶，社会职业结构发生了新的变迁。为适应新时代我国人力资源开发管理的需要，更加全面、客观、及时地反映我国的社会职业状况，2021 年 4 月，人力资源社会保障部会同市场监管总局、国家统计局启动了国家职业分类大典的第二次修订工作，并于 2022 年 9 月颁布了 2022 年版《大典》。2022 年版《大典》从我国经济社会发展现状出发，基于基层岗位实际业态，运用科学的职业分类理论和方法，将我国职业划分为 8 个大类、79 个中类、450 个小类、1 639 个细类（职业）和 2 967 个工种，并首次标识数字职业（S）97 个，延续标识绿色职业（L）134 个，对优化人力资源开发管理、引领教育培训改革、促进就业创业、推动国民经济结构调整和产业转型升级，都具有十分重要的意义。

为健全符合我国国情的现代职业分类体系，大力发展新业态、新模式，开发新的就业增长点，2019 年人力资源社会保障部建立完善新职业信息发布制度，实施职业分类动态调整，此后每年发布 1～2 批新职业信息。2023 年 10 月，人力资源社会保障部向社会公开征集新职业信息。经有关机构和单位申报建议、专家评审论证、书面征求中央和国家机关有关部门意见、面向社会公示征求意见等程序，于 2024 年 7 月会同市场监管总局、国家统计局向社会正式发布了生物工程技术人员等 19 个新职业和汽配销售经理人等 28 个新工种信息，并调整变更了 11 个职业（工种）信息。

新职业的发布，对于开发就业岗位、引导职业教育培训、提高从业人员素质、促进就业创业等，具有十分重要的意义。基于此，我们组织编辑出版《中华人民共和国职业分类大典（2022 年版 · 增补调整本 2024）》，完善职业分类体系，反映职业（工种）增补或调整的情况，进一步推动《大典》在经济社会发展领域的应用，为就业创业、人才发展开辟新赛道、拓展新空间。

编者

2025 年 4 月

目　录

分类体系表

第一大类　1（GBM 10000）党的机关、国家机关、群众团体和社会组织、企事业单位负责人

中类	小类	细类（职业）
1-01（GBM 10100）中国共产党机关和基层组织负责人	1-01-00（GBM 10100）中国共产党机关和基层组织负责人	1-01-00-01　中国共产党机关负责人 1-01-00-02　中国共产党基层组织负责人
1-02（GBM 10200）国家机关负责人	1-02-01（GBM 10201）国家权力机关负责人	1-02-01-00　国家权力机关负责人
	1-02-02（GBM 10202）国家行政机关负责人	1-02-02-00　国家行政机关负责人
	1-02-03（GBM 10203）人民政协机关负责人	1-02-03-00　人民政协机关负责人
	1-02-04（GBM 10204）监察机关负责人	1-02-04-00　监察机关负责人
	1-02-05（GBM 10205）人民法院和人民检察院负责人	1-02-05-01　人民法院负责人 1-02-05-02　人民检察院负责人
1-03（GBM 10300）民主党派和工商联负责人	1-03-00（GBM 10300）民主党派和工商联负责人	1-03-00-01　民主党派负责人 1-03-00-02　工商联负责人
1-04（GBM 10400）人民团体和群众团体、社会组织及其他成员组织负责人	1-04-01（GBM 10401）人民团体和群众团体负责人	1-04-01-01　工会负责人 1-04-01-02　共青团负责人 1-04-01-03　妇联负责人 1-04-01-04　其他人民团体和群众团体负责人
	1-04-02（GBM 10402）社会团体负责人	1-04-02-00　社会团体负责人
	1-04-03（GBM 10403）社会服务机构负责人	1-04-03-00　社会服务机构负责人

续表

中类	小类	细类（职业）
	1-04-04（GBM 10404）社会中介组织负责人	1-04-04-00 社会中介组织负责人
	1-04-05（GBM 10405）基金会负责人	1-04-05-00 基金会负责人
	1-04-06（GBM 10406）宗教组织负责人	1-04-06-00 宗教组织负责人
1-05（GBM 10500）基层群众性自治组织负责人	1-05-00（GBM 10500）基层群众性自治组织负责人	1-05-00-01 居民委员会负责人 1-05-00-02 村民委员会负责人
1-06（GBM 10600）企事业单位负责人	1-06-01（GBM 10601）企业负责人	1-06-01-01 企业董事 1-06-01-02 企业经理 1-06-01-03 国有企业中国共产党组织负责人
	1-06-02（GBM 10602）事业单位负责人	1-06-02-00 事业单位负责人

第二大类　2（GBM 20000）专业技术人员

中类	小类	细类（职业）
2-01（GBM 20100）科学研究人员	2-01-01（GBM 20101）哲学研究人员	2-01-01-00 哲学研究人员
	2-01-02（GBM 20102）经济学研究人员	2-01-02-00 经济学研究人员
	2-01-03（GBM 20103）法学研究人员	2-01-03-00 法学研究人员
	2-01-04（GBM 20104）教育学研究人员	2-01-04-01 教育学研究人员 2-01-04-02 心理学研究人员 2-01-04-03 体育学研究人员
	2-01-05（GBM 20105）历史学研究人员	2-01-05-00 历史学研究人员

续表

中类	小类	细类（职业）
	2-01-06（GBM 20106）自然科学和地球科学研究人员	2-01-06-01　数学研究人员 2-01-06-02　物理学研究人员 2-01-06-03　化学研究人员 2-01-06-04　天文学研究人员 2-01-06-05　生物学研究人员 2-01-06-06　地球科学研究人员
	2-01-07（GBM 20107）农业科学研究人员	2-01-07-00　农业科学研究人员
	2-01-08（GBM 20108）医学研究人员	2-01-08-00　医学研究人员
	2-01-09（GBM 20109）管理学研究人员	2-01-09-00　管理学研究人员
	2-01-10（GBM 20110）文学、艺术学研究人员	2-01-10-00　文学、艺术学研究人员
	2-01-11（GBM 20111）军事学研究人员	2-01-11-00　军事学研究人员
	2-01-99（GBM 20199）其他科学研究人员	
2-02（GBM 20200）工程技术人员	2-02-01（GBM 20201）地质勘探工程技术人员	2-02-01-01　地质实验测试工程技术人员 2-02-01-02　地球物理地球化学与遥感勘查工程技术人员 L/S 2-02-01-03　水工环地质工程技术人员 L 2-02-01-04　地质矿产调查工程技术人员 2-02-01-05　钻探工程技术人员
	2-02-02（GBM 20202）测绘和地理信息工程技术人员	2-02-02-01　大地测量工程技术人员 L/S

续表

中类	小类	细类（职业）
		2-02-02-02 工程测量工程技术人员 S
		2-02-02-03 摄影测量与遥感工程技术人员 L/S
		2-02-02-04 地图制图工程技术人员 S
		2-02-02-05 海洋测绘工程技术人员 L/S
		2-02-02-06 地理国情监测工程技术人员 L/S
		2-02-02-07 地理信息系统工程技术人员 L/S
		2-02-02-08 导航与位置服务工程技术人员 L/S
		2-02-02-09 地质测绘工程技术人员 L/S
	2-02-03（GBM 20203）矿山工程技术人员	2-02-03-01 矿井建设工程技术人员
		2-02-03-02 采矿工程技术人员
		2-02-03-03 矿山通风工程技术人员
		2-02-03-04 选矿与矿物加工工程技术人员
		2-02-03-05 矿山环保复垦工程技术人员 L
	2-02-04（GBM 20204）石油天然气工程技术人员	2-02-04-01 石油天然气开采工程技术人员
		2-02-04-02 石油天然气储运工程技术人员
	2-02-05（GBM 20205）冶金工程技术人员	2-02-05-01 冶炼工程技术人员

续表

中类	小类	细类（职业）
		2-02-05-02 轧制工程技术人员
		2-02-05-03 焦化工程技术人员
		2-02-05-04 金属材料工程技术人员
		2-02-05-05 耐火材料工程技术人员
		2-02-05-06 炭素材料工程技术人员
		2-02-05-07 冶金热能工程技术人员 L
		2-02-05-08 铸管工程技术人员
		2-02-05-09 稀土工程技术人员
	2-02-06（GBM 20206）化工工程技术人员	2-02-06-01 化工实验工程技术人员
		2-02-06-02 化工设计工程技术人员
		2-02-06-03 化工生产工程技术人员
	2-02-07（GBM 20207）机械工程技术人员	2-02-07-01 机械设计工程技术人员
		2-02-07-02 机械制造工程技术人员
		2-02-07-03 仪器仪表工程技术人员
		2-02-07-04 设备工程技术人员
		2 02 07-05 医学设备管理工程技术人员
		2-02-07-06 模具设计工程技术人员

续表

中类	小类	细类（职业）
		2-02-07-07　自动控制工程技术人员 S
		2-02-07-08　材料成形与改性工程技术人员
		2-02-07-09　焊接工程技术人员
		2-02-07-10　特种设备管理和应用工程技术人员
		2-02-07-11　汽车工程技术人员 L
		2-02-07-12　船舶工程技术人员
		2-02-07-13　铸造工程技术人员
	2-02-08（GBM 20208）航空工程技术人员	2-02-08-01　飞行器设计工程技术人员
		2-02-08-02　飞行器制造工程技术人员
		2-02-08-03　航空动力装置设计工程技术人员
		2-02-08-04　航空动力装置制造工程技术人员
		2-02-08-05　航空产品试验与飞行试验工程技术人员
		2-02-08-06　航空产品适航工程技术人员
		2-02-08-07　航空产品支援工程技术人员
		2-02-08-08　机载设备设计制造工程技术人员
	2-02-09（GBM 20209）电子工程技术人员	2-02-09-01　电子材料工程技术人员

续表

中类	小类	细类（职业）
		2-02-09-02 电子元器件工程技术人员
		2-02-09-03 雷达导航工程技术人员 S
		2-02-09-04 电子仪器与电子测量工程技术人员
		2-02-09-05 广播视听设备工程技术人员 S
	2-02-10（GBM 20210）信息和通信工程技术人员	2-02-10-01 通信工程技术人员 S
		2-02-10-02 计算机硬件工程技术人员
		2-02-10-03 计算机软件工程技术人员 S
		2-02-10-04 计算机网络工程技术人员 S
		2-02-10-05 信息系统分析工程技术人员 S
		2-02-10-06 嵌入式系统设计工程技术人员 S
		2-02-10-07 信息安全工程技术人员 S
		2-02-10-08 信息系统运行维护工程技术人员 S
	2-02-11（GBM 20211）电气工程技术人员	2-02-11-01 电工电器工程技术人员
		2-02-11-02 电缆光缆工程技术人员
		2-02-11-03 光源与照明工程技术人员
	2-02-12（GBM 20212）电力工程技术人员	2-02-12-01 发电工程技术人员 L

续表

中类	小类	细类（职业）
		2-02-12-02 供用电工程技术人员 L
		2-02-12-03 变电工程技术人员 L
		2-02-12-04 输电工程技术人员 L
		2-02-12-05 电力工程安装工程技术人员 L
	2-02-13（GBM 20213）邮政和快递工程技术人员	2-02-13-01 邮政工程技术人员
		2-02-13-02 快递工程技术人员
	2-02-14（GBM 20214）广播电影电视及演艺设备工程技术人员	2-02-14-01 广播电视制播工程技术人员
		2-02-14-02 广播电视传输覆盖工程技术人员 S
		2-02-14-03 电影工程技术人员
		2-02-14-04 演艺设备工程技术人员
	2-02-15（GBM 20215）道路和水上运输工程技术人员	2-02-15-01 汽车运用工程技术人员
		2-02-15-02 船舶运用工程技术人员
		2-02-15-03 水上交通工程技术人员
		2-02-15-04 水上救助打捞工程技术人员
		2-02-15-05 船舶检验工程技术人员
		2-02-15-06 无线电航标操作与维护工程技术人员

续表

中类	小类	细类（职业）
		2-02-15-07　视觉航标工程技术人员
		2-02-15-08　道路交通工程技术人员
		2-02-15-09　公路养护工程技术人员
	2-02-16（GBM 20216）民用航空工程技术人员	2-02-16-01　民用航空器维修与适航工程技术人员
		2-02-16-02　民航空中交通管理工程技术人员
		2-02-16-03　民航通用航空工程技术人员
		2-02-16-04　民航飞行签派工程技术人员
	2-02-17（GBM 20217）铁道工程技术人员	2-02-17-01　铁道运输工程技术人员 L
		2-02-17-02　铁道机务工程技术人员
		2-02-17-03　铁道车辆工程技术人员
		2-02-17-04　铁道电务工程技术人员
		2-02-17-05　铁道供电工程技术人员
		2-02-17-06　铁道工务工程技术人员
	2-02-18（GBM 20218）建筑工程技术人员	2-02-18-01　建筑和市政设计工程技术人员 L
		2-02-18-02　土木建筑工程技术人员
		2-02-18-03　风景园林工程技术人员 L

续表

中类	小类	细类（职业）
		2-02-18-04 供水排水工程技术人员 L
		2-02-18-05 工程勘察与岩土工程技术人员 S
		2-02-18-06 城镇燃气与供热工程技术人员 L
		2-02-18-07 环境卫生工程技术人员 L
		2-02-18-08 道路与桥隧工程技术人员
		2-02-18-09 港口与航道工程技术人员
		2-02-18-10 民航机场工程技术人员
		2-02-18-11 铁路建筑工程技术人员
		2-02-18-12 水利水电建筑工程技术人员
		2-02-18-13 爆破工程技术人员
	2-02-19（GBM 20219）建材工程技术人员	2-02-19-01 硅酸盐工程技术人员
		2-02-19-02 非金属矿及制品工程技术人员
		2-02-19-03 无机非金属材料工程技术人员
		2-02-19-04 混凝土工程技术人员
	2-02-20（GBM 20220）林草工程技术人员	2-02-20-01 防沙治沙工程技术人员 L
		2-02-20-02 森林培育工程技术人员 L
		2-02-20-03 园林绿化工程技术人员 L

续表

中类	小类	细类（职业）
		2-02-20-04 野生动植物保护利用工程技术人员 L
		2-02-20-05 自然保护区工程技术人员 L
		2-02-20-06 森林保护工程技术人员 L
		2-02-20-07 木竹藤棕草加工工程技术人员
		2-02-20-08 森林采伐和运输工程技术人员
		2-02-20-09 经济林产品加工工程技术人员
		2-02-20-10 林业资源调查与监测工程技术人员 L
		2-02-20-11 园林植物保护工程技术人员 L
		2-02-20-12 湿地保护修复工程技术人员 L
	2-02-21（GBM 20221）水利工程技术人员	2-02-21-01 水文水资源工程技术人员 L
		2-02-21-02 水生态和河湖治理管护工程技术人员 L
		2-02-21-03 水利工程管理工程技术人员
		2-02-21-04 防汛抗旱减灾工程技术人员 L
		2-02-21-05 节水工程技术人员 L
	2-02-22（GBM 20222）海洋工程技术人员	2-02-22-01 海洋调查与监测工程技术人员 L/S

续表

中类	小类	细类（职业）
		2-02-22-02 海洋环境预报工程技术人员 L/S
		2-02-22-03 海洋资源开发利用和保护工程技术人员 L
		2-02-22-04 海洋工程勘察设计工程技术人员 S
		2-02-22-05 海水淡化工程技术人员
		2-02-22-06 深潜工程技术人员
	2-02-23（GBM 20223）纺织服装工程技术人员	2-02-23-01 纺织工程技术人员
		2-02-23-02 染整工程技术人员
		2-02-23-03 化学纤维工程技术人员
		2-02-23-04 非织造工程技术人员
		2-02-23-05 服装工程技术人员
	2-02-24（GBM 20224）食品工程技术人员	2-02-24-00 食品工程技术人员
	2-02-25（GBM 20225）气象工程技术人员	2-02-25-01 气象观测工程技术人员 L/S
		2-02-25-02 天气预报工程技术人员 L/S
		2-02-25-03 气候监测预测工程技术人员 L/S
		2-02-25-04 气象服务工程技术人员 L/S

续表

中类	小类	细类（职业）
		2-02-25-05 人工影响天气工程技术人员 S
		2-02-25-06 防雷工程技术人员
	2-02-26（GBM 20226）地震工程技术人员	2-02-26-01 地震监测预测工程技术人员 S
		2-02-26-02 地震应急救援工程技术人员
		2-02-26-03 地震安全性评价工程技术人员
	2-02-27（GBM 20227）环境保护工程技术人员	2-02-27-01 环境监测工程技术人员 L
		2-02-27-02 环境污染防治工程技术人员 L
		2-02-27-03 环境影响评价工程技术人员 L
		2-02-27-04 核与辐射安全工程技术人员 L
		2-02-27-05 核与辐射监测工程技术人员 L
		2-02-27-06 健康安全环境工程技术人员 L
		2-02-27-07 碳管理工程技术人员 L
	2-02-28（GBM 20228）安全工程技术人员	2-02-28-01 安全技术防范工程技术人员
		2-02-28-02 消防工程技术人员
		2-02-28-03 安全生产管理工程技术人员
		2-02-28 04 安全评价工程技术人员
		2-02-28-05 房屋安全鉴定工程技术人员

续表

中类	小类	细类（职业）
		2-02-28-06 防伪工程技术人员
	2-02-29（GBM 20229）标准化、计量、质量和认证认可工程技术人员	2-02-29-01 标准化工程技术人员 2-02-29-02 计量工程技术人员 2-02-29-03 质量管理工程技术人员 2-02-29-04 质量认证认可工程技术人员 2-02-29-05 可靠性工程技术人员
	2-02-30（GBM 20230）管理（工业）工程技术人员	2-02-30-01 工业工程技术人员 2-02-30-02 物流工程技术人员 L/S 2-02-30-03 战略规划与管理工程技术人员 2-02-30-04 项目管理工程技术人员 2-02-30-05 再生资源工程技术人员 L 2-02-30-06 能源管理工程技术人员 L 2-02-30-07 监理工程技术人员 2-02-30-08 信息管理工程技术人员 S 2-02-30-09 数据分析处理工程技术人员 S 2-02-30-10 工程造价工程技术人员 2-02-30-11 供应链工程技术人员 S

续表

中类	小类	细类（职业）
	2-02-31（GBM 20231）检验检疫工程技术人员	2-02-31-01　产品质量检验工程技术人员
		2-02-31-02　进出口商品检验鉴定工程技术人员
		2-02-31-03　进出境动物和植物检验检疫人员 L
		2-02-31-04　特种设备检验检测工程技术人员
		2-02-31-05　纤维质量检验工程技术人员
		2-02-31-06　卫生检疫人员
	2-02-32（GBM 20232）制药工程技术人员	2-02-32-01　制药工程技术人员
		2-02-32-02　生物工程技术人员
	2-02-33（GBM 20233）印刷复制工程技术人员	2-02-33-00　印刷复制工程技术人员
	2-02-34（GBM 20234）工业（产品）设计工程技术人员	2-02-34-01　产品设计工程技术人员
		2-02-34-02　工业设计工程技术人员 S
	2-02-35（GBM 20235）康复辅具工程技术人员	2-02-35-01　矫形器师
		2-02-35-02　假肢师
		2-02-35-03　听力师
	2-02-36（GBM 20236）轻工工程技术人员	2-02-36-01　制浆造纸工程技术人员
		2-02-36-02　皮革化学工程技术人员
		2-02-36-03　生物发酵工程技术人员
		2-02-36-04　日用化工工程技术人员

续表

中类	小类	细类（职业）
		2-02-36-05　塑料加工工程技术人员
	2-02-37（GBM 20237）国土空间规划与生态修复工程技术人员	2-02-37-01　土地整治与生态修复工程技术人员 L
		2-02-37-02　城乡规划工程技术人员 L
	2-02-38（GBM 20238）数字技术工程技术人员	2-02-38-01　人工智能工程技术人员 S
		2-02-38-02　物联网工程技术人员 S
		2-02-38-03　大数据工程技术人员 S
		2-02-38-04　云计算工程技术人员 S
		2-02-38-05　智能制造工程技术人员 S
		2-02-38-06　工业互联网工程技术人员 S
		2-02-38-07　虚拟现实工程技术人员 S
		2-02-38-08　区块链工程技术人员 S
		2-02-38-09　集成电路工程技术人员 S
		2-02-38-10　机器人工程技术人员 S
		2-02-38-11　增材制造工程技术人员 L/S
		2-02-38-12　数据安全工程技术人员 S
		2-02-38-13　密码工程技术人员 S

续表

中类	小类	细类（职业）
	2-02-99（GBM 20299）其他工程技术人员	
2-03（GBM 20300）农业技术人员	2-03-01（GBM 20301）土壤肥料技术人员	2-03-01-00 土壤肥料技术人员
	2-03-02（GBM 20302）农业技术指导人员	2-03-02-00 农业技术指导人员
	2-03-03（GBM 20303）植物保护技术人员	2-03-03-00 植物保护技术人员 L
	2-03-04（GBM 20304）园艺技术人员	2-03-04-00 园艺技术人员 L
	2-03-05（GBM 20305）作物遗传育种栽培技术人员	2-03-05-00 作物遗传育种栽培技术人员
	2-03-06（GBM 20306）兽医兽药技术人员	2-03-06-01 兽医 2-03-06-02 兽药技术人员 2-03-06-03 宠物医师
	2-03-07（GBM 20307）畜牧与草业技术人员	2-03-07-01 畜牧技术人员 2-03-07-02 草业技术人员 L
	2-03-08（GBM 20308）水产技术人员	2-03-08-01 水产养殖技术人员 2-03-08-02 渔业资源开发利用技术人员
	2-03-09（GBM 20309）农业工程技术人员	2-03-09-00 农业工程技术人员
	2-03-99（GBM 20399）其他农业技术人员	
2-04（GBM 20400）飞机和船舶技术人员	2-04-01（GBM 20401）飞行人员和领航人员	2-04-01-01 飞行驾驶员 2-04-01-02 飞行机械员 2-04-01-03 飞行领航员 2-04-01-04 飞行通信员
	2-04-02（GBM 20402）船舶指挥和引航人员	2-04-02-01 甲板部技术人员 2-04-02-02 轮机部技术人员

续表

中类	小类	细类（职业）
		2-04-02-03 船舶引航员
	2-04-99（GBM 20499）其他飞机和船舶技术人员	
2-05（GBM 20500）卫生专业技术人员	2-05-01（GBM 20501）临床和口腔医师	2-05-01-01 内科医师
		2-05-01-02 外科医师
		2-05-01-03 儿科医师
		2-05-01-04 妇产科医师
		2-05-01-05 眼科医师
		2-05-01-06 耳鼻咽喉科医师
		2-05-01-07 口腔科医师
		2-05-01-08 皮肤科医师
		2-05-01-09 精神科医师
		2-05-01-10 传染病科医师
		2-05-01-11 急诊科医师
		2-05-01-12 康复科医师
		2-05-01-13 麻醉科医师
		2-05-01-14 病理科医师
		2-05-01-15 放射科医师
		2-05-01-16 核医学科医师
		2-05-01-17 超声科医师
		2-05-01-18 肿瘤科医师
		2-05-01-19 全科医师
		2-05-01-20 医学遗传科医师
		2-05-01-21 妇幼保健医师
		2-05-01-22 疼痛科医师
		2-05-01-23 重症医学科医师
		2-05-01-24 临床检验科医师
		2-05-01-25 职业病科医师
	2-05-02（GBM 20502）中医医师	2-05-02-01 中医内科医师
		2-05-02-02 中医外科医师
		2-05-02-03 中医妇科医师
		2-05-02-04 中医儿科医师
		2-05-02-05 中医眼科医师

续表

中类	小类	细类（职业）
		2-05-02-06　中医皮肤科医师 2-05-02-07　中医骨伤科医师 2-05-02-08　中医肛肠科医师 2-05-02-09　中医耳鼻咽喉科医师 2-05-02-10　针灸医师 2-05-02-11　中医推拿医师 2-05-02-12　中医营养医师 2-05-02-13　中医整脊科医师 2-05-02-14　中医康复医师 2-05-02-15　中医全科医师 2-05-02-16　中医亚健康医师
	2-05-03（GBM 20503）中西医结合医师	2-05-03-01　中西医结合内科医师 2-05-03-02　中西医结合外科医师 2-05-03-03　中西医结合妇科医师 2-05-03-04　中西医结合儿科医师 2-05-03-05　中西医结合骨伤科医师 2-05-03-06　中西医结合肛肠科医师 2-05-03-07　中西医结合皮肤与性病科医师
	2-05-04（GBM 20504）少数民族医医师	2-05-04-00　少数民族医医师
	2-05-05（GBM 20505）公共卫生与健康医师	2-05-05-01　疾病控制医师 2-05-05-02　健康教育医师 2-05-05-03　公共卫生医师
	2-05-06（GBM 20506）药学技术人员	2-05-06-01　药师 2-05-06-02　中药师

续表

中类	小类	细类（职业）
		2-05-06-03 民族药师
	2-05-07（GBM 20507）医疗卫生技术人员	2-05-07-01 影像技师 2-05-07-02 口腔修复技师 2-05-07-03 病理技师 2-05-07-04 临床检验技师 2-05-07-05 公卫检验技师 2-05-07-06 卫生工程技师 2-05-07-07 输血技师 2-05-07-08 临床营养技师 2-05-07-09 消毒技师 2-05-07-10 肿瘤放射治疗技师 2-05-07-11 心电学技师 2-05-07-12 神经电生理脑电图技师 2-05-07-13 康复技师 2-05-07-14 心理治疗技师 2-05-07-15 病案信息技师 2-05-07-16 中医技师 2-05-07-17 口腔卫生技师
	2-05-08（GBM 20508）护理人员	2-05-08-01 内科护士 2-05-08-02 儿科护士 2-05-08-03 急诊护士 2-05-08-04 外科护士 2-05-08-05 社区护士 2-05-08-06 助产士 2-05-08-07 口腔科护士 2-05-08-08 妇产科护士 2-05-08-09 中医护士
	2-05-09（GBM 20509）乡村医生	2-05-09-00 乡村医生
	2-05-10（GBM 20510）盲人医疗按摩人员	2-05-10-00 盲人医疗按摩人员
	2-05-99（GBM 20599）其他卫生专业技术人员	

续表

中类	小类	细类（职业）
2-06（GBM 20600）经济和金融专业人员	2-06-01（GBM 20601）经济专业人员	2-06-01-01 经济规划专业人员 2-06-01-02 合作经济专业人员 2-06-01-03 价格专业人员 2-06-01-04 易货经济专业人员
	2-06-02（GBM 20602）统计专业人员	2-06-02-00 统计专业人员
	2-06-03（GBM 20603）会计专业人员	2-06-03-00 会计专业人员
	2-06-04（GBM 20604）审计专业人员	2-06-04-00 审计专业人员
	2-06-05（GBM 20605）涉税服务专业人员	2-06-05-00 涉税服务专业人员
	2-06-06（GBM 20606）资产和资源评估专业人员	2-06-06-01 资产评估专业人员 2-06-06-02 房地产估价专业人员 2-06-06-03 森林资源评估专业人员 L 2-06-06-04 矿业权评估专业人员 2-06-06-05 海域海岛评估专业人员
	2-06-07（GBM 20607）商务专业人员	2-06-07-01 国际商务专业人员 2-06-07-02 市场营销专业人员 2-06-07-03 商务策划专业人员 2-06-07-04 品牌专业人员

续表

中类	小类	细类（职业）
		2-06-07-05 会展策划专业人员
		2-06-07-06 房地产开发专业人员
		2-06-07-07 医药代表
		2-06-07-08 管理咨询专业人员
		2-06-07-09 拍卖师
		2-06-07-10 物业经营管理专业人员
		2-06-07-11 经纪与代理专业人员
		2-06-07-12 报关人员
		2-06-07-13 数字化管理师 S
		2-06-07-14 企业合规师
		2-06-07-15 招标采购专业人员
		2-06-07-16 技术经理人
		2-06-07-17 不动产确权登记专业人员
	2-06-08（GBM 20608）人力资源专业人员	2-06-08-01 人力资源管理专业人员
		2-06-08-02 人力资源服务专业人员
		2-06-08-03 职业信息分析专业人员
		2-06-08-04 职业技术实训指导专业人员
	2-06-09（GBM 20609）银行专业人员	2-06-09-01 银行国库业务专业人员
		2-06-09-02 银行金融市场业务专业人员
		2-06-09-03 银行清算专业人员

续表

中类	小类	细类（职业）
		2-06-09-04 信贷审核专业人员
		2-06-09-05 银行国际业务专业人员
		2-06-09-06 公司金融顾问
	2-06-10（GBM 20610）保险专业人员	2-06-10-01 精算专业人员
		2-06-10-02 保险核保专业人员
		2-06-10-03 保险理赔专业人员
		2-06-10-04 保险资金运用专业人员
	2-06-11（GBM 20611）证券期货基金专业人员	2-06-11-01 证券保荐承销专业人员
		2-06-11-02 证券交易专业人员
		2-06-11-03 证券投资专业人员
		2-06-11-04 金融产品销售专业人员
		2-06-11-05 黄金投资专业人员
		2-06-11-06 期货专业人员
		2-06-11-07 基金专业人员
	2-06-12（GBM 20612）知识产权专业人员	2-06-12-01 专利代理专业人员
		2-06-12-02 专利审查专业人员
		2-06-12-03 专利管理专业人员
		2-06-12-04 知识产权信息分析专业人员
		2-06-12-05 版权管理专业人员

续表

中类	小类	细类（职业）
		2-06-12-06　商标代理专业人员
		2-06-12-07　商标审查审理专业人员
		2-06-12-08　商标管理专业人员
		2-06-12-09　版权运营专业人员
	2-06-13（GBM 20613）社会保险专业人员	2-06-13-00　医保经办专业人员
	2-06-14（GBM 20614）金融科技专业人员	2-06-14-00　金融科技师 S
	2-06-99（GBM 20699）其他经济和金融专业人员	
2-07（GBM 20700）监察、法律、社会和宗教专业人员	2-07-01（GBM 20701）监察人员	2-07-01-00　监察人员
	2-07-02（GBM 20702）法官	2-07-02-00　法官
	2-07-03（GBM 20703）检察官	2-07-03-00　检察官
	2-07-04（GBM 20704）律师	2-07-04-00　律师
	2-07-05（GBM 20705）公证员	2-07-05-00　公证员
	2-07-06（GBM 20706）司法鉴定人员	2-07-06-01　法医 2-07-06-02　物证鉴定人员
	2-07-07（GBM 20707）审判辅助人员	2-07-07-00　审判辅助人员
	2-07-08（GBM 20708）检察辅助人员	2-07-08-00　检察辅助人员
	2-07-09（GBM 20709）法律顾问	2-07-09-00　法律顾问
	2-07-10（GBM 20710）宗教教职人员	2-07-10-00　宗教教职人员
	2-07-11（GBM 20711）社会工作专业人员	2-07-11-01　社会工作者 2-07-11-02　社会组织专业人员

续表

中类	小类	细类（职业）
		2-07-11-03　心理咨询师
	2-07-99（GBM 20799）其他监察、法律、社会和宗教专业人员	
2-08（GBM 20800）教学人员	2-08-01（GBM 20801）高等学校教师	2-08-01-01　普通高等学校教师 2-08-01-02　高等职业学校教师
	2-08-02（GBM 20802）中小学教师	2-08-02-01　高级中学教师 2-08-02-02　中等职业学校教师 2-08-02-03　初级中学教师 2-08-02-04　小学教师
	2-08-03（GBM 20803）幼儿园教师	2-08-03-00　幼儿园教师
	2-08-04（GBM 20804）特殊教育教师	2-08-04-00　特殊教育教师
	2-08-99（GBM 20899）其他教学人员	
2-09（GBM 20900）文学艺术、体育专业人员	2-09-01（GBM 20901）文艺创作与编导人员	2-09-01-01　文学作家 2-09-01-02　曲艺作家 2-09-01-03　剧作家 2-09-01-04　作曲家 2-09-01-05　词作家 2-09-01-06　导演 2-09-01-07　舞蹈编导 2-09-01-08　舞美设计
	2-09-02（GBM 20902）音乐指挥与演员	2-09-02-01　音乐指挥 2-09-02-02　电影电视演员 2-09-02-03　戏剧戏曲演员 2-09-02-04　舞蹈演员 2-09-02-05　曲艺演员

续表

中类	小类	细类（职业）
		2-09-02-06 杂技魔术演员
		2-09-02-07 歌唱演员
		2-09-02-08 皮影戏木偶戏演员
		2-09-02-09 民族乐器演奏员
		2-09-02-10 外国乐器演奏员
	2-09-03（GBM 20903）电影电视制作专业人员	2-09-03-01 电影电视制片人
		2-09-03-02 电影电视场记
		2-09-03-03 电影电视摄影师
		2-09-03-04 电影电视片发行人
		2-09-03-05 电视导播
		2-09-03-06 剪辑师
	2-09-04（GBM 20904）舞台专业人员	2-09-04-01 灯光师
		2-09-04-02 音像师
		2-09-04-03 美工师
		2-09-04-04 化妆师
		2-09-04-05 装置师
		2-09-04-06 服装道具师
		2-09-04-07 演出监督
		2-09-04-08 演出制作人
	2-09-05（GBM 20905）美术专业人员	2-09-05-01 画家
		2-09-05-02 篆刻家
		2-09-05-03 雕塑家
		2-09-05-04 书法家
		2-09-05-05 摄影家
	2-09-06（GBM 20906）工艺美术与创意设计专业人员	2-09-06-01 视觉传达设计人员
		2-09-06-02 服装设计人员
		2-09-06-03 动画设计人员
		2-09-06-04 环境设计人员
		2-09-06-05 染织艺术设计人员

续表

中类	小类	细类（职业）
		2-09-06-06 工艺美术专业人员
		2-09-06-07 数字媒体艺术专业人员 S
		2-09-06-08 公共艺术专业人员
		2-09-06-09 陈列展览设计人员
	2-09-07（GBM 20907）体育专业人员	2-09-07-01 教练员 2-09-07-02 裁判员 2-09-07-03 运动员 2-09-07-04 运动防护师 2-09-07-05 体育经理人
	2-09-99（GBM 20999）其他文学艺术、体育专业人员	
2-10（GBM 21000）新闻出版、文化专业人员	2-10-01（GBM 21001）记者	2-10-01-01 文字记者 2-10-01-02 摄影记者
	2-10-02（GBM 21002）编辑	2-10-02-01 文字编辑 2-10-02-02 美术编辑 2-10-02-03 技术编辑 2-10-02-04 数字出版编辑 S 2-10-02-05 网络编辑 S 2-10-02-06 电子音乐编辑
	2-10-03（GBM 21003）校对员	2-10-03-00 校对员
	2-10-04（GBM 21004）播音员及节目主持人	2-10-04-01 播音员 2-10-04-02 节目主持人
	2-10-05（GBM 21005）翻译人员	2-10-05-00 翻译
	2-10-06（GBM 21006）图书资料与微缩摄影专业人员	2-10-06-01 文献信息专业人员 2-10-06-02 微缩摄影专业人员

续表

中类	小类	细类（职业）
	2-10-07（GBM 21007）档案专业人员	2-10-07-00　档案专业人员
	2-10-08（GBM 21008）考古及文物保护专业人员	2-10-08-01　考古专业人员 2-10-08-02　文物藏品专业人员 2-10-08-03　可移动文物保护专业人员 2-10-08-04　不可移动文物保护专业人员 2-10-08-05　文物展陈专业人员
	2-10-99（GBM 21099）其他新闻出版、文化专业人员	
2-99（GBM 29900）其他专业技术人员	2-99-00（GBM 29900）其他专业技术人员	

第三大类　3（GBM 30000）办事人员和有关人员

中类	小类	细类（职业）
3-01（GBM 30100）行政办事及辅助人员	3-01-01（GBM 30101）行政业务办理人员	3-01-01-01　行政办事员 3-01-01-02　政务服务办事员 3-01-01-03　统计调查员 3-01-01-04　社团会员管理员 3-01-01-05　劝募员
	3-01-02（GBM 30102）行政事务处理人员	3-01-02-01　机要员 3-01-02-02　秘书 3-01-02-03　公关员 3-01-02-04　收发员 3-01-02-05　打字员 3-01-02-06　速录师 3-01-02-07　制图员 3-01-02-08　后勤管理员

续表

中类	小类	细类（职业）
	3-01-03（GBM 30103）行政执法及仲裁人员	3-01-03-01　行政执法员
		3-01-03-02　劳动人事争议仲裁员
		3-01-03-03　农村土地承包仲裁员
	3-01-04（GBM 30104）社区和村镇工作人员	3-01-04-01　村务和社区工作者
		3-01-04-02　城市管理网格员
		3-01-04-03　劳动保障协理员
		3-01-04-04　退役军人事务员
		3-01-04-05　基层法律服务工作者
		3-01-04-06　医疗保障专理员
	3-01-99（GBM 30199）其他行政办事及辅助人员	
3-02（GBM 30200）安全和消防及辅助人员	3-02-01（GBM 30201）人民警察	3-02-01-00　人民警察
	3-02-02（GBM 30202）保卫和警务辅助人员	3-02-02-01　保卫管理员
		3-02-02-02　辅警
	3-02-03（GBM 30203）消防和应急救援人员	3-02-03-01　消防员
		3-02-03-02　消防指挥员
		3-02-03-03　消防装备管理员
		3-02-03-04　消防安全管理员
		3-02-03-05　消防监督检查员
		3-02-03-06　森林消防员 L
		3-02-03-07　森林火情瞭望观察员 L
		3-02-03-08　应急救援员
	3-02-99（GBM 30299）其他安全和消防及辅助人员	
3-03（GBM 30300）仲裁、调解及相关法律事务辅助人员	3-03-01（GBM 30301）仲裁、调解及辅助人员	3-03-01-01　仲裁员
		3-03-01-02　仲裁秘书
		3-03-01-03　调解员

续表

中类	小类	细类（职业）
	3-03-99（GBM 30399）其他仲裁、调解及相关法律事务辅助人员	
3-99（GBM 39900）其他办事人员和有关人员	3-99-00（GBM 39900）其他办事人员和有关人员	

第四大类　4（GBM 40000）社会生产服务和生活服务人员

中类	小类	细类（职业）
4-01（GBM 40100）批发与零售服务人员	4-01-01（GBM 40101）购销服务人员	4-01-01-00　采购员
	4-01-02（GBM 40102）销售人员	4-01-02-01　营销员 4-01-02-03　商品营业员 4-01-02-04　收银员 4-01-02-05　摊商 4-01-02-06　连锁经营管理师
	4-01-03（GBM 40103）贸易经纪代理人员	4-01-03-01　农产品经纪人 4-01-03-02　粮油竞价交易员 4-01-03-03　易货师 4-01-03-04　二手车经纪人
	4-01-04（GBM 40104）再生物资回收人员	4-01-04-00　再生物资回收挑选工 L
	4-01-05（GBM 40105）特殊商品购销人员	4-01-05-01　农产品购销员 4-01-05-02　医药商品购销员 4-01-05-03　出版物发行员 4-01-05-04　烟草制品购销员
	4-01-06（GBM 40106）电子商务服务人员	4-01-06-01　电子商务师 S 4-01-06-02　互联网营销师 S
	4-01-99（GBM 40199）其他批发与零售服务人员	
4-02（GBM 40200）交通运输、仓储物流和邮政业服务人员	4-02-01（GBM 40201）轨道交通运输服务人员	4-02-01-01　轨道交通列车司机 L 4-02-01-02　铁路列车乘务员

续表

中类	小类	细类（职业）
		4-02-01-03　铁路车站客运服务员
		4-02-01-04　铁路行包运输服务员
		4-02-01-05　铁路车站货运服务员
		4-02-01-06　轨道交通调度员
		4-02-01-07　城市轨道交通服务员
	4-02-02（GBM 40202）道路运输服务人员	4-02-02-01　客运车辆驾驶员 L
		4-02-02-02　道路货运汽车驾驶员 L
		4-02-02-03　道路客运服务员
		4-02-02-04　道路货运业务员
		4-02-02-05　道路运输调度员
		4-02-02-06　公路收费及监控员
		4-02-02-07　机动车驾驶教练员
		4-02-02-08　油气电站操作员
		4-02-02-09　汽车救援员
	4-02-03（GBM 40203）水上运输服务人员	4-02-03-01　客运船舶驾驶员
		4-02-03-02　船舶业务员
		4-02-03-03　港口客运员
		4-02-03-04　水上救生员
		4-02-03-05　航标工
	4-02-04（GBM 40204）航空运输服务人员	4-02-04-01　民航乘务员
		4-02-04-02　航空运输地面服务员
		4-02-04-03　机场运行指挥员
		4-02-04-04　航空安全员
		4-02-04-05　机场场务员
		4-02-04-06　无人机驾驶员

续表

中类	小类	细类（职业）
	4-02-05（GBM 40205）装卸搬运和运输代理服务人员	4-02-05-01 装卸搬运工 4-02-05-02 客运售票员 4-02-05-03 货运代理服务员 4-02-05-04 危险货物运输作业员
	4-02-06（GBM 40206）仓储物流服务人员	4-02-06-01 仓储管理员 4-02-06-02 理货员 4-02-06-03 物流服务师 L 4-02-06-04 冷藏工 4-02-06-05 供应链管理师 S
	4-02-07（GBM 40207）邮政和快递服务人员	4-02-07-01 邮政营业员 4-02-07-02 邮件分拣员 4-02-07-03 邮件转运员 4-02-07-04 邮政投递员 4-02-07-05 报刊业务员 4-02-07-06 集邮业务员 4-02-07-07 邮政市场业务员 4-02-07-08 快递员 4-02-07-09 快件处理员 4-02-07-10 国际快递业务师 4-02-07-11 快递站点管理师
	4-02-99（GBM 40299）其他交通运输、仓储物流和邮政业服务人员	
4-03（GBM 40300）住宿和餐饮服务人员	4-03-01（GBM 40301）住宿服务人员	4-03-01-01 前厅服务员 4-03-01-02 客房服务员 4-03-01-03 旅店服务员
	4-03-02（GBM 40302）餐饮服务人员	4-03-02-01 中式烹调师 4-03-02-02 中式面点师 4-03-02-03 西式烹调师 4-03-02-04 西式面点师

续表

中类	小类	细类（职业）
		4-03-02-05 餐厅服务员 4-03-02-06 营养配餐员 4-03-02-07 茶艺师 4-03-02-08 咖啡师 4-03-02-09 调酒师 4-03-02-10 调饮师 4-03-02-11 食品安全管理师 4-03-02-12 侍酒师 4-03-02-13 宴会定制服务师
	4-03-99（GBM 40399）其他住宿和餐饮服务人员	
4-04（GBM 40400）信息传输、软件和信息技术服务人员	4-04-01（GBM 40401）信息通信业务人员	4-04-01-01 信息通信营业员 4-04-01-02 信息通信业务员
	4-04-02（GBM 40402）信息通信网络维护人员	4-04-02-01 信息通信网络机务员 S 4-04-02-02 信息通信网络线务员 4-04-02-03 信息通信网络动力机务员 S 4-04-02-04 信息通信网络测量员 4-04-02-05 无线电监测与设备运维员 S
	4-04-03（GBM 40403）广播电视传输服务人员	4-04-03-01 广播电视天线工 4-04-03-02 广播电视机线员
	4-04-04（GBM 40404）信息通信网络运行管理人员	4-04-04-01 信息通信网络运行管理员 S 4-04-04-02 网络与信息安全管理员 S 4-04-04-03 信息通信信息化系统管理员 S

续表

中类	小类	细类（职业）
		4-04-04-04 信息安全测试员 S
		4-04-04-05 数字化解决方案设计师 S
		4-04-04-06 密码技术应用员 S
		4-04-04-07 网络安全等级保护测评师 S
	4-04-05（GBM 40405）软件和信息技术服务人员	4-04-05-01 计算机程序设计员 S
		4-04-05-02 计算机软件测试员 S
		4-04-05-03 呼叫中心服务员
		4-04-05-04 数据库运行管理员 S
		4-04-05-05 人工智能训练师 S
		4-04-05-06 区块链应用操作员 S
		4-04-05-07 服务机器人应用技术员 S
		4-04-05-08 电子数据取证分析师 S
		4-04-05-09 信息系统适配验证师 S
		4-04-05-10 数字孪生应用技术员 S
		4-04-05-11 虚拟现实产品设计师 S
		4-04-05-12 云网智能运维员 S
		4-04-05-13 生成式人工智能系统应用员 S

续表

中类	小类	细类（职业）
		4-04-05-14　工业互联网运维员 S 4-04-05-15　智能网联汽车测试员 S
	4-04-99（GBM 40499）其他信息传输、软件和信息技术服务人员	
4-05（GBM 40500）金融服务人员	4-05-01（GBM 40501）银行服务人员	4-05-01-01　银行综合柜员 4-05-01-02　银行信贷员 4-05-01-03　银行客户业务员 4-05-01-04　银行信用卡业务员
	4-05-02（GBM 40502）证券期货服务人员	4-05-02-01　证券期货服务师 4-05-02-02　有色金属现货交易员
	4-05-03（GBM 40503）保险服务人员	4-05-03-01　保险代理人 4-05-03-02　保险保全员 4-05-03-03　保险公估人 4-05-03-04　保险经纪人
	4-05-04（GBM 40504）典当服务人员	4-05-04-01　典当业务员 4-05-04-02　鉴定估价师
	4-05-05（GBM 40505）信托和资产管理服务人员	4-05-05-01　信托业务员 4-05-05-02　资产管理师
	4-05-99（GBM 40599）其他金融服务人员	
4-06（GBM 40600）房地产服务人员	4-06-01（GBM 40601）物业管理服务人员	4-06-01-01　物业管理师 4-06-01-02　中央空调系统运行操作员 4-06-01-03　停车管理员 4-06-01-04　智能楼宇管理员 S

续表

中类	小类	细类（职业）
	4-06-02（GBM 40602）房地产开发与交易服务人员	4-06-02-01 房地产经纪人 4-06-02-02 房地产策划师 4-06-02-03 验房师
	4-06-99（GBM 40699）其他房地产服务人员	
4-07（GBM 40700）租赁和商务服务人员	4-07-01（GBM 40701）租赁和拍卖业务人员	4-07-01-01 租赁业务员 4-07-01-02 拍卖服务师
	4-07-02（GBM 40702）商务咨询服务人员	4-07-02-01 风险管理师 4-07-02-02 科技咨询师 4-07-02-03 客户服务管理员 4-07-02-04 信用管理师 4-07-02-05 商务数据分析师 S 4-07-02-06 用户增长运营师 S
	4-07-03（GBM 40703）人力资源服务人员	4-07-03-01 职业指导师 4-07-03-02 劳动关系协调师 4-07-03-03 创业指导师 4-07-03-04 企业人力资源管理师 4-07-03-05 职业培训师 4-07-03-06 劳务派遣管理员 4-07-03-07 劳务经纪人 4-07-03-08 招聘师
	4-07-04（GBM 40704）旅游及公共游览场所服务人员	4-07-04-01 导游 4-07-04-02 旅游团队领队 4-07-04-03 旅行社计调 4-07-04-04 旅游咨询员 4-07-04-05 公共游览场所服务员 4-07-04-06 休闲农业服务员 4-07-04-07 景区运营管理师

续表

中类	小类	细类（职业）
	4-07-05（GBM 40705）安全保护服务人员	4-07-05-01　保安员 4-07-05-02　安检员 4-07-05-03　消防设施操作员 4-07-05-04　安全防范系统安装维护员
	4-07-06（GBM 40706）市场管理服务人员	4-07-06-01　商品监督员 4-07-06-02　商品防损员 4-07-06-03　市场管理员
	4-07-07（GBM 40707）会议及展览服务人员	4-07-07-01　会展服务师 4-07-07-02　装饰美工 4-07-07-03　模特 4-07-07-04　会展搭建师
	4-07-99（GBM 40799）其他租赁和商务服务人员	
4-08（GBM 40800）技术辅助服务人员	4-08-01（GBM 40801）气象服务人员	4-08-01-01　航空气象员 S 4-08-01-02　人工影响天气特种作业操作员
	4-08-02（GBM 40802）海洋服务人员	4-08-02-01　海洋水文气象观测员 L 4-08-02-02　海洋浮标工 4-08-02-03　海洋水文调查员 L 4-08-02-04　海洋生物调查员 L
	4-08-03（GBM 40803）测绘服务人员	4-08-03-01　大地测量员 L/S 4-08-03-02　摄影测量员 L/S 4-08-03-03　地图绘制员 4-08-03-04　工程测量员 S 4-08-03-05　不动产测绘员 4-08-03-06　海洋测绘员 L/S 4-08-03-07　无人机测绘操控员 L
	4-08-04（GBM 40804）地理信息服务人员	4-08-04-01　地理信息采集员 L

续表

中类	小类	细类（职业）
		4-08-04-02 地理信息处理员 L
		4-08-04-03 地理信息应用作业员 L
	4-08-05（GBM 40805）检验、检测和计量服务人员	4-08-05-01 农产品食品检验员 L
		4-08-05-02 纤维检验员
		4-08-05-03 贵金属首饰与宝玉石检测员
		4-08-05-04 药物检验员
		4-08-05-05 机动车检测工
		4-08-05-06 计量员
		4-08-05-07 电子电气产品检验员 L
		4-08-05-08 公路水运工程试验检测员
		4-08-05-09 建设工程质量检测员
	4-08-06（GBM 40806）环境监测服务人员	4-08-06-00 环境监测员 L
	4-08-07（GBM 40807）地质勘查人员	4-08-07-01 地勘钻探工
		4-08-07-02 地勘掘进工
		4-08-07-03 物探工
		4-08-07-04 地质调查员 L
		4-08-07-05 地质实验员
	4-08-08（GBM 40808）专业化设计服务人员	4-08-08-01 花艺环境设计师
		4-08-08-02 纺织面料设计师
		4-08-08-03 家用纺织品设计师
		4-08-08-04 色彩搭配师
		4-08-08-05 工艺美术品设计师
		4-08-08-06 装潢美术设计师
		4-08-08-07 室内装饰设计师

续表

中类	小类	细类（职业）
		4-08-08-08 广告设计师 4-08-08-09 包装设计师 4-08-08-10 玩具设计师 4-08-08-11 首饰设计师 4-08-08-12 家具设计师 4-08-08-13 陶瓷产品设计师 4-08-08-14 彩灯艺术设计师 4-08-08-15 地毯设计师 4-08-08-16 皮具设计师 4-08-08-17 鞋类设计师 4-08-08-18 灯具设计师 4-08-08-19 照明设计师 4-08-08-20 形象设计师 4-08-08-21 会展设计师 4-08-08-22 建筑幕墙设计师 4-08-08-23 建筑信息模型技术员 L/S 4-08-08-24 乐器设计师 4-08-08-25 斫琴师 4-08-08-26 工业设计工艺师 S 4-08-08-27 钟表设计师 4-08-08-28 漆艺师 4-08-08-29 桌面游戏设计师 S 4-08-08-30 文创产品策划运营师
	4-08-09（GBM 40809）摄影扩印服务人员	4-08-09-01 商业摄影师 4-08-09-02 冲印师
	4-08-10（GBM 40810）生产现场技术工艺人员	4-08-10-01 陶瓷工艺师 4-08-10-02 化工生产现场技术员
	4-08-99（GBM 40899）其他技术辅助服务人员	

续表

中类	小类	细类（职业）
4-09（GBM 40900）水利、环境和公共设施管理服务人员	4-09-01（GBM 40901）水利设施管理养护人员	4-09-01-01　河道修防工
		4-09-01-02　水工混凝土维修工
		4-09-01-03　水工土石维修工
		4-09-01-04　水工监测工
		4-09-01-05　水工闸门运行工
	4-09-02（GBM 40902）水文服务人员	4-09-02-01　水文勘测工
		4-09-02-02　水文勘测船工
	4-09-03（GBM 40903）水土保持人员	4-09-03-00　水土保持员 L
	4-09-04（GBM 40904）农田灌排人员	4-09-04-00　灌区管理工
	4-09-05（GBM 40905）自然保护区和草地监护人员	4-09-05-01　自然保护区巡护监测员 L
		4-09-05-02　草地监护员 L
	4-09-06（GBM 40906）野生动植物保护人员	4-09-06-01　野生动物保护员 L
		4-09-06-02　野生植物保护员 L
		4-09-06-03　标本员
		4-09-06-04　展出动物保育员
	4-09-07（GBM 40907）环境治理服务人员	4-09-07-01　污水处理工 L
		4-09-07-02　工业固体废物处理处置工 L
		4-09-07-03　危险废物处理工 L
		4-09-07-04　碳排放管理员 L
		4-09-07-05　碳汇计量评估师 L/S
		4-09-07-06　建筑节能减排咨询师
	4-09-08（GBM 40908）环境卫生服务人员	4-09-08-01　保洁员 L
		4-09-08-02　生活垃圾清运工 L
		4-09-08-03　生活垃圾处理工 L

续表

中类	小类	细类（职业）
	4-09-09（GBM 40909）有害生物防制人员	4-09-09-00　有害生物防制员 L
	4-09-10（GBM 40910）绿化与园艺服务人员	4-09-10-01　园林绿化工 L
		4-09-10-02　草坪园艺师
		4-09-10-03　盆景师
		4-09-10-04　假山工
		4-09-10-05　插花花艺师
	4-09-99（GBM 40999）其他水利、环境和公共设施管理服务人员	
4-10（GBM 41000）居民服务人员	4-10-01（GBM 41001）生活照料服务人员	4-10-01-01　婴幼儿发展引导员
		4-10-01-03　保育师
		4-10-01-04　孤残儿童护理员
		4-10-01-05　养老护理员
		4-10-01-06　家政服务员
	4-10-02（GBM 41002）服装裁剪和洗染织补人员	4-10-02-01　裁缝
		4-10-02-02　洗衣师
		4-10-02-03　染色师
		4-10-02-04　皮革护理师
		4-10-02-05　织补师
	4-10-03（GBM 41003）美容美发和浴池服务人员	4-10-03-01　美容师
		4-10-03-02　美发师
		4-10-03-03　美甲师
		4-10-03-04　浴池服务员
		4-10-03-05　修脚师
	4-10-04（GBM 41004）保健服务人员	4-10-04-01　保健调理师
		4-10-04-02　保健按摩师
		4-10-04-03　芳香保健师
	4-10-05（GBM 41005）婚姻服务人员	4-10-05-01　婚介师
		4-10-05-02　婚礼策划师
		4-10-05-03　婚姻家庭辅导师
	4-10-06（GBM 41006）殡葬服务人员	4-10-06-01　殡仪服务员
		4-10-06-02　遗体防腐整容师

续表

中类	小类	细类（职业）
		4-10-06-03　遗体火化师
		4-10-06-04　公墓管理员
	4-10-07（GBM 41007）宠物服务人员	4-10-07-01　宠物健康护理员
		4-10-07-02　宠物驯导师
		4-10-07-03　宠物美容师
	4-10-08（GBM 41008）社区生活服务人员	4-10-08-01　网约配送员
		4-10-08-02　汽车代驾员
	4-10-99（GBM 41099）其他居民服务人员	
4-11（GBM 41100）电力、燃气及水供应服务人员	4-11-01（GBM 41101）电力供应服务人员	4-11-01-01　供电服务员
		4-11-01-02　电力交易员
		4-11-01-03　综合能源服务员 L
		4-11-01-04　储能电站运维管理员 L
		4-11-01-05　电能质量管理员 L
	4-11-02（GBM 41102）燃气供应服务人员	4-11-02-00　燃气供应服务员
	4-11-03（GBM 41103）水供应服务人员	4-11-03-01　水供应服务员
		4-11-03-02　村镇供水员
	4-11-99（GBM 41199）其他电力、燃气及水供应服务人员	
4-12（GBM 41200）修理及制作服务人员	4-12-01（GBM 41201）汽车摩托车修理技术服务人员	4-12-01-01　汽车维修工
		4-12-01-02　摩托车修理工
		4-12-01-03　电池及电池系统维修保养师 L
	4-12-02（GBM 41202）计算机和办公设备维修人员	4-12-02-01　计算机维修工
		4-12-02-02　办公设备维修工
		4-12-02-03　信息通信网络终端维修员 S
	4-12-03（GBM 41203）家用电子电器产品维修人员	4-12-03-01　家用电器产品维修工
		4-12-03-02　家用电子产品维修工

续表

中类	小类	细类（职业）
	4-12-04（GBM 41204）日用产品修理服务人员	4-12-04-01 自行车与电动自行车维修工 4-12-04-02 修鞋工 4-12-04-03 钟表维修工 4-12-04-04 锁具修理工 4-12-04-05 燃气具安装维修工 4-12-04-06 照相器材维修工
	4-12-05（GBM 41205）乐器维修人员	4-12-05-01 乐器维修工 4-12-05-02 钢琴调律师
	4-12-06（GBM 41206）印章制作人员	4-12-06-00 印章制作工
	4-12-99（GBM 41299）其他修理及制作服务人员	
4-13（GBM 41300）文化和教育服务人员	4-13-01（GBM 41301）社会文化活动服务人员	4-13-01-01 群众文化指导员 4-13-01-02 礼仪主持人 4-13-01-03 讲解员 4-13-01-04 文化经纪人 4-13-01-05 全媒体运营师 S 4-13-01-06 档案数字化管理师 S 4-13-01-07 图书馆服务员 4-13-01-08 手语翻译 4-13-01-09 版权经纪人 4-13-01-10 网络主播 S
	4-13-02（GBM 41302）广播、电视、电影和影视录音制作人员	4-13-02-01 影视置景制作员 4-13-02-02 动画制作员 4-13-02-03 影视烟火特效员 4-13-02-04 电影洗印员 4-13-02-05 电影放映员 4-13-02-06 音响调音员 4-13-02-07 照明工 4-13-02-08 影视服装员 4-13-02-09 电视摄像员

续表

中类	小类	细类（职业）
	4-13-03（GBM 41303）考古及文物保护作业人员	4-13-03-01 考古探掘工 4-13-03-02 文物修复师
	4-13-04（GBM 41304）教育服务人员	4-13-04-01 在线学习服务师 4-13-04-02 国防教育辅导员 4-13-04-03 家庭教育指导师 4-13-04-04 研学旅游指导师
	4-13-99（GBM 41399）其他文化和教育服务人员	
4-14（GBM 41400）健康、体育和休闲服务人员	4-14-01（GBM 41401）医疗辅助服务人员	4-14-01-01 医疗临床辅助服务员 4-14-01-02 医疗护理员 4-14-01-03 健康照护师 4-14-01-04 呼吸治疗师
	4-14-02（GBM 41402）健康咨询服务人员	4-14-02-01 营养师 4-14-02-02 健康管理师 4-14-02-03 生殖健康咨询师 4-14-02-04 出生缺陷防控咨询师 4-14-02-05 老年人能力评估师
	4-14-03（GBM 41403）康复矫正服务人员	4-14-03-01 助听器验配师 4-14-03-02 口腔修复体制作师 4-14-03-03 眼镜验光师 4-14-03-04 眼镜定配工 4-14-03-05 听觉口语师 4-14-03-06 康复辅助技术咨询师
	4-14-04（GBM 41404）公共卫生辅助服务人员	4-14-04-01 防疫员 4-14-04-02 消毒员 4-14-04-03 公共场所卫生管理员

续表

中类	小类	细类（职业）
		4-14-04-04　社群健康助理员
	4-14-05（GBM 41405）体育健身和娱乐场所服务人员	4-14-05-01　社会体育指导员
		4-14-05-02　体育场馆管理员
		4-14-05-03　游泳救生员
		4-14-05-04　康乐服务员
		4-14-05-05　体育经纪人
		4-14-05-06　电子竞技运营师
		4-14-05-07　电子竞技员 S
		4-14-05-08　滑雪巡救员
	4-14-06（GBM 41406）康养、休闲服务人员	4-14-06-01　森林园林康养师
		4-14-06-02　民宿管家
	4-14-99（GBM 41499）其他健康、体育和休闲服务人员	
4-99（GBM 49900）其他社会生产服务和生活服务人员	4-99-00（GBM 49900）其他社会生产服务和生活服务人员	

第五大类　5（GBM 50000）农、林、牧、渔业生产及辅助人员

中类	小类	细类（职业）
5-01（GBM 50100）农业生产人员	5-01-01（GBM 50101）作物种子（苗）繁育生产人员	5-01-01-01　种子繁育员
		5-01-01-02　种苗繁育员
	5-01-02（GBM 50102）农作物生产人员	5-01-02-01　农艺工
		5-01-02-02　园艺工
		5-01-02-03　食用菌生产工
		5-01-02-04　热带作物栽培工
		5-01-02-05　中药材种植员
	5-01-99（GBM 50199）其他农业生产人员	
5-02（GBM 50200）林业生产人员	5-02-01（GBM 50201）林草种苗繁育人员	5-02-01-00　林草种苗工 L
	5-02-02（GBM 50202）营造林人员	5-02-02-00　造林更新工 L

续表

中类	小类	细类（职业）
	5-02-03（GBM 50203）森林经营和管护人员	5-02-03-01 护林员 L 5-02-03-02 森林抚育工 L
	5-02-04（GBM 50204）木材采运人员	5-02-04-01 林木采伐工 5-02-04-02 集材作业工 5-02-04-03 木材水运工
	5-02-99（GBM 50299）其他林业生产人员	
5-03（GBM 50300）畜牧业生产人员	5-03-01（GBM 50301）畜禽种苗繁育人员	5-03-01-01 家畜繁殖员 5-03-01-02 家禽繁殖员
	5-03-02（GBM 50302）畜禽饲养人员	5-03-02-01 家畜饲养员 5-03-02-02 家禽饲养员
	5-03-03（GBM 50303）特种经济动物饲养人员	5-03-03-01 经济昆虫养殖员 5-03-03-02 实验动物养殖员 5-03-03-03 特种动物养殖员
	5-03-99（GBM 50399）其他畜牧业生产人员	
5-04（GBM 50400）渔业生产人员	5-04-01（GBM 50401）水产苗种繁育人员	5-04-01-01 水生动物苗种繁育工 5-04-01-02 水生植物苗种培育工
	5-04-02（GBM 50402）水产养殖人员	5-04-02-01 水生动物饲养工 5-04-02-02 水生植物栽培工 5-04-02-03 水产养殖潜水工
	5-04-03（GBM 50403）水产捕捞及有关人员	5-04-03-01 水产捕捞工 5-04-03-02 渔业船员 5-04-03-03 渔网具工
	5-04-99（GBM 50499）其他渔业生产人员	
5-05（GBM 50500）农、林、牧、渔业生产辅助人员	5-05-01（GBM 50501）农业生产服务人员	5-05-01-01 农业技术员 5-05-01-02 农业经理人 L

续表

中类	小类	细类（职业）
		5-05-01-03 农业数字化技术员 L/S
	5-05-02（GBM 50502）动植物疫病防治人员	5-05-02-01 农作物植保员 L 5-05-02-02 林业有害生物防治员 L 5-05-02-03 动物疫病防治员 5-05-02-04 动物检疫检验员 5-05-02-05 水生物病害防治员 5-05-02-06 水生物检疫检验员
	5-05-03（GBM 50503）农村能源利用人员	5-05-03-01 沼气工 L 5-05-03-02 农村节能员 L 5-05-03-03 太阳能利用工 L 5-05-03-04 微水电利用工 L 5-05-03-05 小风电利用工 L
	5-05-04（GBM 50504）农村环境保护人员	5-05-04-00 农村环境保护工 L
	5-05-05（GBM 50505）农机化服务人员	5-05-05-01 农机驾驶操作员 5-05-05-02 农机修理工 5-05-05-03 农机服务经纪人
	5-05-06（GBM 50506）农副林特产品初加工人员	5-05-06-01 园艺产品加工工 5-05-06-02 棉花加工工 5-05-06-03 热带作物初制工 5-05-06-04 植物原料制取工 5-05-06-05 竹藤师 5-05-06-06 经济昆虫产品加工工 5-05-06-07 水产品原料处理工
	5-05-99（GBM 50599）其他农、林、牧、渔业生产辅助人员	

续表

中类	小类	细类（职业）
5-99（GBM 59900）其他农、林、牧、渔业生产及辅助人员	5-99-00（GBM 59900）其他农、林、牧、渔业生产及辅助人员	

第六大类　6（GBM 60000）生产制造及有关人员

中类	小类	细类（职业）
6-01（GBM 60100）农副产品加工人员	6-01-01（GBM 60101）粮油加工人员	6-01-01-01　制米工 6-01-01-02　制粉工 6-01-01-03　制油工
	6-01-02（GBM 60102）饲料加工人员	6-01-02-00　饲料加工工
	6-01-03（GBM 60103）制糖人员	6-01-03-00　食糖制造工
	6-01-04（GBM 60104）畜禽制品加工人员	6-01-04-01　畜禽屠宰加工工 6-01-04-02　畜禽副产品加工工 6-01-04-03　肉制品加工工 6-01-04-04　蛋类制品加工工
	6-01-05（GBM 60105）水产品加工人员	6-01-05-01　水产品加工工 6-01-05-02　水产制品精制工
	6-01-06（GBM 60106）果蔬和坚果加工人员	6-01-06-00　果蔬坚果加工工
	6-01-07（GBM 60107）淀粉和豆制品加工人员	6-01-07-01　淀粉及淀粉糖制造工 6-01-07-02　植物蛋白制作工 6-01-07-03　豆制品制作工
	6-01-99（GBM 60199）其他农副产品加工人员	
6-02（GBM 60200）食品、饮料生产加工人员	6-02-01（GBM 60201）焙烤食品制造人员	6-02-01-01　糕点面包烘焙师 6-02-01-02　糕点装饰师
	6-02-02（GBM 60202）糖制品加工人员	6-02-02-01　糖果巧克力制造工

续表

中类	小类	细类（职业）
		6-02-02-02　果脯蜜饯加工工
	6-02-03（GBM 60203）方便食品和罐头食品加工人员	6-02-03-01　米面主食制作工 6-02-03-02　冷冻食品制作工 6-02-03-03　罐头食品加工工
	6-02-04（GBM 60204）乳制品加工人员	6-02-04-01　乳品加工工 6-02-04-02　乳品评鉴师
	6-02-05（GBM 60205）调味品及食品添加剂制作人员	6-02-05-01　味精制造工 6-02-05-02　酱油酱类制作工 6-02-05-03　食醋制作工 6-02-05-04　精制制盐工 6-02-05-05　酶制剂制造工 6-02-05-06　柠檬酸制造工 6-02-05-07　调味品品评师 6-02-05-08　酱腌菜制作工
	6-02-06（GBM 60206）酒、饮料及精制茶制造人员	6-02-06-01　酿酒师 6-02-06-02　酒精酿造工 6-02-06-03　白酒酿造工 6-02-06-04　啤酒酿造工 6-02-06-05　黄酒酿造工 6-02-06-06　果露酒酿造工 6-02-06-07　品酒师 6-02-06-08　麦芽制麦工 6-02-06-09　饮料制作工 6-02-06-10　茶叶加工工 6-02-06-11　评茶师 6-02-06-12　酒体设计师
	6-02-99（GBM 60299）其他食品、饮料生产加工人员	
6-03（GBM 60300）烟草及其制品加工人员	6-03-01（GBM 60301）烟叶初加工人员	6-03-01-01　烟叶调制员 6-03-01-02　烟叶评级员
	6-03-02（GBM 60302）烟用材料生产人员	6-03-02-01　烟用二醋片制造工 6-03-02-02　烟用丝束制造工

续表

中类	小类	细类（职业）
	6-03-03（GBM 60303）烟草制品生产人员	6-03-03-01 烟机设备操作工 6-03-03-02 烟草评吸师
	6-03-99（GBM 60399）其他烟草及其制品加工人员	
6-04（GBM 60400）纺织、针织、印染人员	6-04-01（GBM 60401）纤维预处理人员	6-04-01-01 开清棉工 6-04-01-02 丝麻毛纤维预处理工 6-04-01-03 纺织纤维梳理工 6-04-01-04 并条工 6-04-01-05 粗纱工
	6-04-02（GBM 60402）纺纱人员	6-04-02-01 纺纱工 6-04-02-02 缫丝工
	6-04-03（GBM 60403）织造人员	6-04-03-01 整经工 6-04-03-02 浆纱浆染工 6-04-03-03 织布工 6-04-03-04 意匠纹版工
	6-04-04（GBM 60404）针织人员	6-04-04-01 纬编工 6-04-04-02 经编工 6-04-04-03 横机工
	6-04-05（GBM 60405）非织造布制造人员	6-04-05-00 非织造布制造工
	6-04-06（GBM 60406）印染人员	6-04-06-01 印染前处理工 6-04-06-02 纺织染色工 6-04-06-03 印花工 6-04-06-04 纺织印花制版工 6-04-06-05 印染后整理工 6-04-06-06 印染染化料配制工 6-04-06-07 工艺染织品制作工
	6-04-99（GBM 60499）其他纺织、针织、印染人员	

续表

中类	小类	细类（职业）
6-05（GBM 60500）纺织品、服装和皮革、毛皮制品加工制作人员	6-05-01（GBM 60501）纺织品和服装剪裁缝纫人员	6-05-01-01　服装制版师 6-05-01-02　裁剪工 6-05-01-03　缝纫工 6-05-01-04　缝纫品整型工 6-05-01-05　服装水洗工 6-05-01-06　绒线编织拼布工
	6-05-02（GBM 60502）皮革、毛皮及其制品加工人员	6-05-02-01　皮革及皮革制品加工工 6-05-02-02　毛皮及毛皮制品加工工
	6-05-03（GBM 60503）羽绒羽毛加工及制品制造人员	6-05-03-00　羽绒加工及制品充填工
	6-05-04（GBM 60504）鞋帽制作人员	6-05-04-01　制鞋工 6-05-04-02　制帽工
	6-05-99（GBM 60599）其他纺织品、服装和皮革、毛皮制品加工制作人员	
6-06（GBM 60600）木材加工、家具与木制品制作人员	6-06-01（GBM 60601）木材加工人员	6-06-01-01　制材工 6-06-01-02　木竹藤材处理工
	6-06-02（GBM 60602）人造板制造人员	6-06-02-01　胶合板工 6-06-02-02　纤维板工 6-06-02-03　刨花板工 6-06-02-04　浸渍纸层压板工 6-06-02-05　人造板饰面工
	6-06-03（GBM 60603）木制品制造人员	6-06-03-01　手工木工 6-06-03-02　机械木工 6-06-03-03　木地板制造工
	6-06-04（GBM 60604）家具制造人员	6-06-04-00　家具制作工
	6-06-99（GBM 60699）其他木材加工、家具与木制品制作人员	

续表

中类	小类	细类（职业）
6-07（GBM 60700）纸及纸制品生产加工人员	6-07-01（GBM 60701）制浆造纸人员	6-07-01-01 制浆工
		6-07-01-02 制浆废液回收利用工 L
		6-07-01-03 造纸工
		6-07-01-04 纸张整饰工
		6-07-01-05 宣纸书画纸制作工
	6-07-02（GBM 60702）纸制品制作人员	6-07-02-00 纸箱纸盒制作工
	6-07-99（GBM 60799）其他纸及纸制品生产加工人员	
6-08（GBM 60800）印刷和记录媒介复制人员	6-08-01（GBM 60801）印刷人员	6-08-01-01 印前处理和制作员
		6-08-01-02 印刷操作员
		6-08-01-03 印后制作员
	6-08-02（GBM 60802）记录媒介复制人员	6-08-02-00 音像制品和电子出版物复制员
	6-08-99（GBM 60899）其他印刷和记录媒介复制人员	
6-09（GBM 60900）文教、工美、体育和娱乐用品制造人员	6-09-01（GBM 60901）文教用品制作人员	6-09-01-01 自来水笔制造工
		6-09-01-02 圆珠笔制造工
		6-09-01-03 铅笔制造工
		6-09-01-04 毛笔制作工
		6-09-01-05 记号笔制造工
		6-09-01-06 墨制作工
		6-09-01-07 墨水墨汁制造工
		6-09-01-08 绘图仪器制作工
		6-09-01-09 印泥制作工
	6-09-02（GBM 60902）乐器制作人员	6-09-02-01 钢琴及键盘乐器制作工
		6-09-02-02 提琴吉他制作工
		6-09-02-03 管乐器制作工

续表

中类	小类	细类（职业）
		6-09-02-04 民族拉弦弹拨乐器制作工
		6-09-02-05 吹奏乐器制作工
		6-09-02-06 打击乐器制作工
		6-09-02-07 电鸣乐器制作工
	6-09-03（GBM 60903）工艺美术品制造人员	6-09-03-01 工艺品雕刻工
		6-09-03-02 雕塑翻制工
		6-09-03-03 陶瓷工艺品制作师
		6-09-03-04 景泰蓝制作工
		6-09-03-05 金属摆件制作工
		6-09-03-06 漆器制作工
		6-09-03-07 壁画制作工
		6-09-03-08 版画制作工
		6-09-03-09 人造花制作工
		6-09-03-10 工艺画制作工
		6-09-03-11 抽纱刺绣工
		6-09-03-12 手工地毯制作工
		6-09-03-13 机制地毯制作工
		6-09-03-14 宝石琢磨工
		6-09-03-15 贵金属首饰制作工
		6-09-03-16 装裱师
		6-09-03-17 民间工艺品制作工
		6-09-03-18 剧装工
		6-09-03-19 民间工艺品艺人
	6-09-04（GBM 60904）体育用品制作人员	6-09-04-01 制球工
		6-09-04-02 球拍球网制作工
		6-09-04-03 健身器材制作工
	6-09-05（GBM 60905）玩具制作人员	6-09-05-00 玩具制作工

续表

中类	小类	细类（职业）
	6-09-99（GBM 60999）其他文教、工美、体育和娱乐用品制造人员	
6-10（GBM 61000）石油加工和炼焦、煤化工生产人员	6-10-01（GBM 61001）石油炼制生产人员	6-10-01-01　原油蒸馏工 6-10-01-02　催化裂化工 6-10-01-03　蜡油渣油加氢工 6-10-01-04　渣油热加工工 6-10-01-05　石脑油加工工 6-10-01-06　炼厂气加工工 6-10-01-07　润滑油脂生产工 6-10-01-08　石油产品精制工 6-10-01-09　油制气工 6-10-01-10　油品储运工 6-10-01-11　油母页岩提炼工 L
	6-10-02（GBM 61002）炼焦人员	6-10-02-01　炼焦煤制备工 6-10-02-02　炼焦工
	6-10-03（GBM 61003）煤化工生产人员	6-10-03-01　煤制烯烃生产工 6-10-03-02　煤制油生产工 6-10-03-03　煤制气工 6-10-03-04　水煤浆制备工 6-10-03-05　工业型煤工 6-10-03-06　煤提质工 L
	6-10-99（GBM 61099）其他石油加工和炼焦、煤化工生产人员	
6-11（GBM 61100）化学原料和化学制品制造人员	6-11-01（GBM 61101）化工产品生产通用工艺人员	6-11-01-01　化工原料准备工 6-11-01-02　化工单元操作工 6-11-01-03　化工总控工 S 6-11-01-04　制冷工 6-11-01-05　工业清洗工 6-11-01-06　腐蚀控制工

续表

中类	小类	细类（职业）
	6-11-02（GBM 61102）基础化学原料制造人员	6-11-02-01　硫酸生产工 6-11-02-02　硝酸生产工 6-11-02-03　盐酸生产工 6-11-02-04　磷酸生产工 6-11-02-05　纯碱生产工 6-11-02-06　烧碱生产工 6-11-02-07　无机盐生产工 6-11-02-08　提硝工 6-11-02-09　卤水综合利用工 6-11-02-10　无机化学反应生产工 6-11-02-11　脂肪烃生产工 6-11-02-12　芳香烃生产工 6-11-02-13　脂肪烃衍生物生产工 6-11-02-14　芳香烃衍生物生产工 6-11-02-15　有机合成工
	6-11-03（GBM 61103）化学肥料生产人员	6-11-03-01　合成氨生产工 6-11-03-02　尿素生产工 6-11-03-03　硝酸铵生产工 6-11-03-04　硫酸铵生产工 6-11-03-05　过磷酸钙生产工 6-11-03-06　复混肥生产工 6-11-03-07　钙镁磷肥生产工 6-11-03-08　钾肥生产工
	6-11-04（GBM 61104）农药生产人员	6-11-04-00　农药生产工
	6-11-05（GBM 61105）涂料、油墨、颜料及类似产品制造人员	6-11-05-01　涂料生产工 6-11-05-02　油墨制造工 6-11-05-03　颜料生产工 6-11-05-04　染料生产工

续表

中类	小类	细类（职业）
	6-11-06（GBM 61106）合成树脂生产人员	6-11-06-00　合成树脂生产工
	6-11-07（GBM 61107）合成橡胶生产人员	6-11-07-00　合成橡胶生产工
	6-11-08（GBM 61108）专用化学产品生产人员	6-11-08-01　催化剂生产工 6-11-08-02　总溶剂生产工 6-11-08-03　化学试剂生产工 6-11-08-04　印染助剂生产工 6-11-08-05　表面活性剂制造工 6-11-08-06　化工添加剂生产工 6-11-08-07　油脂化工产品制造工 6-11-08-08　动物胶制造工 6-11-08-09　人造板制胶工 6-11-08-10　有机硅生产工 6-11-08-11　有机氟生产工 6-11-08-12　松香工 6-11-08-13　松节油制品工 6-11-08-14　活性炭生产工 6-11-08-15　栲胶生产工 6-11-08-16　紫胶生产工 6-11-08-17　栓皮制品工 6-11-08-18　植物原料水解工 6-11-08-19　感光材料生产工 6-11-08-20　胶印版材生产工 6-11-08-21　柔性版材生产工 6-11-08-22　磁记录材料生产工 6-11-08-23　热转移防护膜涂布工 6-11-08-24　平板显示膜生产工

续表

中类	小类	细类（职业）
		6-11-08-25　甘油制造工 6-11-08-26　生物质化工产品生产工
	6-11-09（GBM 61109）火工品制造、保管、爆破及焰火产品制造人员	6-11-09-01　雷管制造工 6-11-09-02　索状爆破器材制造工 6-11-09-03　火工品装配工 6-11-09-04　火工品管理工 6-11-09-05　烟花爆竹工
	6-11-10（GBM 61110）日用化学品生产人员	6-11-10-01　合成洗涤剂制造工 6-11-10-02　肥皂制造工 6-11-10-03　化妆品配方师 6-11-10-04　化妆品制造工 6-11-10-05　口腔清洁剂制造工 6-11-10-06　香料制造工 6-11-10-07　调香师 6-11-10-08　香精配制工 6-11-10-09　火柴制造工 6-11-10-10　日用化学用品配方师
	6-11-99（GBM 61199）其他化学原料和化学制品制造人员	
6-12（GBM 61200）医药制造人员	6-12-01（GBM 61201）化学药品原料药制造人员	6-12-01-00　化学合成制药工
	6-12-02（GBM 61202）中药饮片加工人员	6-12-02-00　中药炮制工
	6-12-03（GBM 61203）药物制剂人员	6-12-03-00　药物制剂工
	6-12-04（GBM 61204）兽用药品制造人员	6-12-04-00　兽药制造工

续表

中类	小类	细类（职业）
	6-12-05（GBM 61205）生物药品制造人员	6-12-05-01　生化药品制造工 6-12-05-02　发酵工程制药工 6-12-05-03　疫苗制品工 6-12-05-04　血液制品工 6-12-05-05　基因工程药品生产工
	6-12-99（GBM 61299）其他医药制造人员	
6-13（GBM 61300）化学纤维制造人员	6-13-01（GBM 61301）化学纤维原料制造人员	6-13-01-01　化纤聚合工 6-13-01-02　纺丝原液制造工
	6-13-02（GBM 61302）化学纤维纺丝及后处理人员	6-13-02-01　纺丝工 6-13-02-02　化纤后处理工
	6-13-99（GBM 61399）其他化学纤维制造人员	
6-14（GBM 61400）橡胶和塑料制品制造人员	6-14-01（GBM 61401）橡胶制品生产人员	6-14-01-01　橡胶制品生产工 6-14-01-02　轮胎翻修工 L
	6-14-02（GBM 61402）塑料制品加工人员	6-14-02-00　塑料制品成型制作工
	6-14-99（GBM 61499）其他橡胶和塑料制品制造人员	
6-15（GBM 61500）非金属矿物制品制造人员	6-15-01（GBM 61501）水泥、石灰、石膏及其制品制造人员	6-15-01-01　水泥生产工 6-15-01-02　水泥混凝土制品工 6-15-01-03　石灰煅烧工 6-15-01-04　石膏粉生产工 6-15-01-05　石膏制品生产工 6-15-01-06　预拌混凝土生产工
	6-15-02（GBM 61502）砖瓦石材等建筑材料制造人员	6-15-02-01　砖瓦生产工 6-15-02-02　加气混凝土制品工

续表

中类	小类	细类（职业）
		6-15-02-03　石材生产工
		6-15-02-04　人造石生产加工工
		6-15-02-05　防水卷材制造工
		6-15-02-06　保温材料制造工
		6-15-02-07　吸音材料制造工
		6-15-02-08　砂石骨料生产工
	6-15-03（GBM 61503）玻璃及玻璃制品生产加工人员	6-15-03-01　玻璃配料熔化工
		6-15-03-02　玻璃及玻璃制品成型工
		6-15-03-03　玻璃加工工
		6-15-03-04　玻璃制品加工工
		6-15-03-05　电子玻璃制品加工工
		6-15-03-06　石英玻璃制品加工工
	6-15-04（GBM 61504）玻璃纤维及玻璃纤维增强塑料制品制造人员	6-15-04-01　玻璃纤维及制品工
		6-15-04-02　玻璃钢制品工
	6-15-05（GBM 61505）陶瓷制品制造人员	6-15-05-01　陶瓷原料准备工
		6-15-05-02　陶瓷成型施釉工
		6-15-05-03　陶瓷烧成工
		6-15-05-04　陶瓷装饰工
		6-15-05-05　古建琉璃工
	6-15-06（GBM 61506）耐火材料制品生产人员	6-15-06-01　耐火原料加工成型工
		6-15-06-02　耐火材料烧成工
		6-15-06-03　耐火制品加工工
		6-15-06-04　耐火纤维制品工
	6-15-07（GBM 61507）石墨及炭素制品生产人员	6-15-07-01　炭素煅烧工
		6-15-07-02　炭素成型工
		6-15-07-03　炭素焙烧工
		6-15-07-04　炭素浸渍工

续表

中类	小类	细类（职业）
		6-15-07-05 石墨化工 6-15-07-06 炭素制品工 6-15-07-07 炭素特种材料工
	6-15-08（GBM 61508）高岭土、珍珠岩等非金属矿物加工人员	6-15-08-01 人工合成晶体工 6-15-08-02 高岭土加工工 6-15-08-03 珍珠岩加工工 6-15-08-04 石棉制品工 6-15-08-05 云母制品工
	6-15-99（GBM 61599）其他非金属矿物制品制造人员	
6-16（GBM 61600）采矿人员	6-16-01（GBM 61601）矿物采选人员	6-16-01-01 露天采矿工 6-16-01-02 露天矿物开采辅助工 6-16-01-03 运矿排土工 6-16-01-04 矿井开掘工 6-16-01-05 井下采矿工 6-16-01-06 井下支护工 6-16-01-07 井下机车运输工 6-16-01-08 矿山提升设备操作工 6-16-01-09 矿井通风工 6-16-01-10 矿山安全防护工 6-16-01-11 矿山安全设备监测检修工 6-16-01-12 矿山救护工 6-16-01-13 矿山生产集控员 6-16-01-14 矿石处理工 6-16-01-15 选矿工 6-16-01-16 选矿脱水工 6-16-01-17 尾矿工
	6-16-02（GBM 61602）石油和天然气开采与储运人员	6-16-02-01 石油勘探工 6-16-02-02 钻井工 6-16-02-03 钻井协作工

续表

中类	小类	细类（职业）
		6-16-02-04　井下作业设备操作维修工
		6-16-02-05　水下钻井设备操作工
		6-16-02-06　油气水井测试工
		6-16-02-07　石油开采工
		6-16-02-08　天然气开采工
		6-16-02-09　煤层气排采集输工
		6-16-02-10　天然气处理工
		6-16-02-11　油气输送工
		6-16-02-12　油气管道维护工
		6-16-02-13　海上平台水手
	6-16-03（GBM 61603）采盐人员	6-16-03-01　海盐制盐工
		6-16-03-02　湖盐制盐工
		6-16-03-03　井矿盐制盐工
	6-16-99（GBM 61699）其他采矿人员	
6-17（GBM 61700）金属冶炼和压延加工人员	6-17-01（GBM 61701）炼铁人员	6-17-01-01　烧结球团原料工
		6-17-01-02　粉矿烧结工
		6-17-01-03　球团焙烧工
		6-17-01-04　烧结成品工
		6-17-01-05　高炉原料工
		6-17-01-06　高炉炼铁工
		6-17-01-07　高炉运转工
		6-17-01-08　氢基直接还原炼铁工 L
	6-17-02（GBM 61702）炼钢人员	6-17-02-01　炼钢原料工
		6-17-02-02　炼钢工
		6-17-02-03　炼钢浇铸工
		6-17-02-04　炼钢准备工
		6-17-02-05　整模脱模工
	6-17-03（GBM 61703）铸铁管人员	6-17-03-01　铸管备品工
		6-17-03-02　铸管工
		6-17-03-03　铸管精整工

续表

中类	小类	细类（职业）
	6-17-04（GBM 61704）铁合金冶炼人员	6-17-04-01 铁合金原料工 6-17-04-02 铁合金火法冶炼工 6-17-04-03 铁合金焙烧工 6-17-04-04 铁合金湿法冶炼工 6-17-04-05 钒氮合金工
	6-17-05（GBM 61705）重有色金属冶炼人员	6-17-05-01 重冶备料工 6-17-05-02 重金属物料焙烧工 6-17-05-03 重冶火法冶炼工 6-17-05-04 重冶湿法冶炼工 6-17-05-05 电解精炼工
	6-17-06（GBM 61706）轻有色金属冶炼人员	6-17-06-01 氧化铝制取工 6-17-06-02 铝电解工 6-17-06-03 镁冶炼工 6-17-06-04 硅冶炼工
	6-17-07（GBM 61707）稀贵金属冶炼人员	6-17-07-01 钨钼冶炼工 6-17-07-02 钽铌冶炼工 6-17-07-03 钛冶炼工 6-17-07-04 稀土冶炼工 6-17-07-05 稀土材料生产工 6-17-07-06 贵金属冶炼工 6-17-07-07 锂冶炼工
	6-17-08（GBM 61708）半导体材料制备人员	6-17-08-01 半导体辅料制备工 6-17-08-02 多晶硅制取工
	6-17-09（GBM 61709）金属轧制人员	6-17-09-01 轧制原料工 6-17-09-02 金属轧制工 6-17-09-03 金属材酸碱洗工 6-17-09-04 金属材涂层机组操作工 6-17-09-05 金属材热处理工

续表

中类	小类	细类（职业）
		6-17-09-06 焊管机组操作工
		6-17-09-07 金属材精整工
		6-17-09-08 金属材丝拉拔工
		6-17-09-09 金属挤压工
		6-17-09-10 铸轧工
		6-17-09-11 钢丝绳制造工
	6-17-10（GBM 61710）硬质合金生产人员	6-17-10-01 硬质合金混合料工
		6-17-10-02 硬质合金成型工
		6-17-10-03 硬质合金烧结工
		6-17-10-04 硬质合金精加工工
	6-17-99（GBM 61799）其他金属冶炼和压延加工人员	
6-18（GBM 61800）机械制造基础加工人员	6-18-01（GBM 61801）机械冷加工人员	6-18-01-01 车工
		6-18-01-02 铣工
		6-18-01-03 刨插工
		6-18-01-04 磨工
		6-18-01-05 镗工
		6-18-01-06 钻床工
		6-18-01-07 多工序数控机床操作调整工
		6-18-01-08 电切削工
		6-18-01-09 拉床工
		6-18-01-10 下料工
		6-18-01-11 铆工
		6-18-01-12 冲压工
		6-18-01-13 增材制造设备操作员 L/S
	6-18-02（GBM 61802）机械热加工人员	6-18-02-01 铸造工
		6-18-02-02 锻造工
		6-18-02-03 金属热处理工
		6-18-02-04 焊工

续表

中类	小类	细类（职业）
		6-18-02-05 机械加工材料切割工
		6-18-02-06 粉末冶金制品制造工
	6-18-03（GBM 61803）机械表面处理加工人员	6-18-03-01 镀层工
		6-18-03-02 镀膜工
		6-18-03-03 涂装工
		6-18-03-04 喷涂喷焊工
	6-18-04（GBM 61804）工装工具制造加工人员	6-18-04-01 模具工
		6-18-04-02 模型制作工
		6-18-04-03 磨料制造工
		6-18-04-04 磨具制造工
		6-18-04-05 量具和刃具制造工
		6-18-04-06 工具钳工
	6-18-99（GBM 61899）其他机械制造基础加工人员	
6-19（GBM 61900）金属制品制造人员	6-19-01（GBM 61901）五金制品制作装配人员	6-19-01-01 工具五金制作工
		6-19-01-02 建筑五金制品制作工
		6-19-01-03 锁具制作工
		6-19-01-04 金属炊具及器皿制作工
		6-19-01-05 日用五金制品制作工
		6-19-01-06 搪瓷制品制造工
		6-19-01-07 眼镜架制作工
		6-19-01-08 金箔制作工
	6-19-99（GBM 61999）其他金属制品制造人员	
6-20（GBM 62000）通用设备制造人员	6-20-01（GBM 62001）通用基础件装配制造人员	6-20-01-01 装配钳工
		6-20-01-02 轴承制造工

续表

中类	小类	细类（职业）
		6-20-01-03 齿轮制造工
		6-20-01-04 减变速机装配调试工
		6-20-01-05 链传动部件制造工
		6-20-01-06 紧固件制造工
		6-20-01-07 弹簧工
	6-20-02（GBM 62002）锅炉及原动设备制造人员	6-20-02-01 锅炉设备制造工
		6-20-02-02 内燃机装配调试工
		6-20-02-03 汽轮机装配调试工
		6-20-02-04 风电机组制造工 L
	6-20-03（GBM 62003）金属加工机械制造人员	6-20-03-01 机床装调维修工
		6-20-03-02 焊接设备装配调试工
		6-20-03-03 焊接材料制造工
	6-20-04（GBM 62004）物料搬运设备制造人员	6-20-04-00 电梯装配调试工
	6-20-05（GBM 62005）泵、阀门、压缩机及类似机械制造人员	6-20-05-01 泵装配调试工
		6-20-05-02 真空设备装配调试工
		6-20-05-03 压缩机装配调试工
		6-20-05-04 风机装配调试工
		6-20-05-05 过滤与分离机械装配调试工
		6-20-05-06 气体分离设备装配调试工
		6-20-05-07 制冷空调设备装配工
		6-20-05-08 阀门装配调试工

续表

中类	小类	细类（职业）
		6-20-05-09 液压液力气动密封件制造工
	6-20-06（GBM 62006）烘炉、衡器、水处理等设备制造人员	6-20-06-01 工业炉及电炉装配工
		6-20-06-02 膜法水处理材料和设备制造工
		6-20-06-03 电渗析器制造工
		6-20-06-04 电动工具制造工
		6-20-06-05 衡器装配调试工
	6-20-07（GBM 62007）文化办公机械制造人员	6-20-07-01 电影电教设备制造工
		6-20-07-02 照相机及器材制造工
		6-20-07-03 复印设备制造工
		6-20-07-04 办公小机械制造工
		6-20-07-05 光学镜头制造工
		6-20-07-06 静电成像设备耗材制造工
		6-20-07-07 办公设备与耗材再制造工
	6-20-99（GBM 62099）其他通用设备制造人员	
6-21（GBM 62100）专用设备制造人员	6-21-01（GBM 62101）采矿、建筑专用设备制造人员	6-21-01-01 矿用电机车装配工
		6-21-01-02 工程机械装配调试工
	6-21-02（GBM 62102）印刷生产专用设备制造人员	6-21-02-00 印刷设备装配调试工
	6-21-03（GBM 62103）纺织服装和皮革加工专用设备制造人员	6-21-03-00 缝制机械装配调试工

续表

中类	小类	细类（职业）
	6-21-04（GBM 62104）电子专用设备装配调试人员	6-21-04-01 电子专用设备装调工 6-21-04-02 真空测试工
	6-21-05（GBM 62105）农业机械制造人员	6-21-05-01 拖拉机制造工 6-21-05-02 耕种机械制造工 6-21-05-03 灌溉机械制造工 6-21-05-04 收获机械制造工
	6-21-06（GBM 62106）医疗器械制品和康复辅具生产人员	6-21-06-01 医疗器械装配工 6-21-06-02 矫形器装配工 6-21-06-03 假肢装配工 6-21-06-04 医用材料产品生产工
	6-21-99（GBM 62199）其他专用设备制造人员	
6-22（GBM 62200）汽车制造人员	6-22-01（GBM 62201）汽车零部件、饰件生产加工人员	6-22-01-01 汽车生产线操作工 6-22-01-02 汽车饰件制造工 6-22-01-03 汽车零部件再制造工 L
	6-22-02（GBM 62202）汽车整车制造人员	6-22-02-01 汽车装调工 6-22-02-02 汽车回收拆解工 L
	6-22-99（GBM 62299）其他汽车制造人员	
6-23（GBM 62300）铁路、船舶、航空设备制造人员	6-23-01（GBM 62301）轨道交通运输设备制造人员	6-23-01-01 铁路机车制修工 6-23-01-02 铁路车辆制修工 6-23-01-03 动车组制修师 6-23-01-04 铁路机车车辆制动钳工 6-23-01-05 道岔钳工
	6-23-02（GBM 62302）船舶制造人员	6-23-02-01 金属船体制造工 6-23-02-02 船舶机械装配工

续表

中类	小类	细类（职业）
		6-23-02-03 船舶电气装配工
		6-23-02-04 船舶附件制造工
		6-23-02-05 船舶木塑帆缆制造工
		6-23-02-06 拆船工 L
	6-23-03（GBM 62303）航空产品装配、调试人员	6-23-03-01 飞机装配工
		6-23-03-02 飞机系统安装调试工
		6-23-03-03 航空发动机装配工
		6-23-03-04 航空螺旋桨装配工
		6-23-03-05 航空电气安装调试工
		6-23-03-06 航空附件装配工
		6-23-03-07 航空仪表装配工
		6-23-03-08 航空装配平衡工
		6-23-03-09 飞机无线电设备安装调试工
		6-23-03-10 飞机雷达安装调试工
		6-23-03-11 飞机特种设备检测与修理工
		6-23-03-12 飞机透明件制造胶接装配工
		6-23-03-13 飞机外场调试与维护工
		6-23-03-14 航空环控救生装备工
		6-23-03-15 无人机装调检修工
	6-23-04（GBM 62304）摩托车、自行车制造人员	6-23-04-01 摩托车装调工
		6-23-04-02 自行车与电动自行车装配工

续表

中类	小类	细类（职业）
	6-23-99（GBM 62399）其他铁路、船舶、航空设备制造人员	
6-24（GBM 62400）电气机械和器材制造人员	6-24-01（GBM 62401）电机制造人员	6-24-01-00　电机制造工
	6-24-02（GBM 62402）输配电及控制设备制造人员	6-24-02-01　变压器互感器制造工 6-24-02-02　高低压电器及成套设备装配工 6-24-02-03　电力电容器及其装置制造工 6-24-02-04　光伏组件制造工 L
	6-24-03（GBM 62403）电线电缆、光纤光缆及电工器材制造人员	6-24-03-01　电线电缆制造工 6-24-03-02　光纤光缆制造工 6-24-03-03　绝缘制品制造工 6-24-03-04　电工合金电触头制造工 6-24-03-05　电器附件制造工
	6-24-04（GBM 62404）电池制造人员	6-24-04-00　电池制造工
	6-24-05（GBM 62405）家用电力器具制造人员	6-24-05-01　家用电冰箱制造工 6-24-05-02　空调器制造工 6-24-05-03　洗衣机制造工 6-24-05-04　小型家用电器制造工
	6-24-06（GBM 62406）非电力家用器具制造人员	6-24-06-00　燃气具制造工
	6-24-07（GBM 62407）照明器具制造人员	6-24-07-01　电光源制造工 6-24-07-02　灯具制造工

续表

中类	小类	细类（职业）
	6-24-08（GBM 62408）电气信号设备装置制造人员	6-24-08-00 轨道交通通信信号设备制造工
	6-24-99（GBM 62499）其他电气机械和器材制造人员	
6-25（GBM 62500）计算机、通信和其他电子设备制造人员	6-25-01（GBM 62501）电子元件制造人员	6-25-01-01 电容器制造工
		6-25-01-02 电阻器制造工
		6-25-01-03 微波铁氧体元器件制造工
		6-25-01-04 石英晶体生长设备操作工
		6-25-01-05 压电石英晶片加工工
		6-25-01-06 石英晶体元器件制造工
		6-25-01-07 电声器件制造工
		6-25-01-08 水声换能器制造工
		6-25-01-09 继电器制造工
		6-25-01-10 高频电感器制造工
		6-25-01-11 电器接插件制造工
		6-25-01-12 电子产品制版工
		6-25-01-13 印制电路制作工
		6-25-01-14 薄膜加热器件制造工
		6-25-01-15 温差电器件制造工
		6-25-01-16 电子绝缘与介质材料制造工
	6-25-02（GBM 62502）电子器件制造人员	6-25-02-01 真空电子器件零件制造及装调工
		6-25-02-02 电极丝制造工

续表

中类	小类	细类（职业）
		6-25-02-03 液晶显示器件制造工 6-25-02-04 晶片加工工 6-25-02-05 半导体芯片制造工 6-25-02-06 半导体分立器件和集成电路装调工 6-25-02-07 磁头制造工
	6-25-03（GBM 62503）计算机制造人员	6-25-03-00 计算机及外部设备装配调试员
	6-25-04（GBM 62504）电子设备装配调试人员	6-25-04-01 通信系统设备制造工 6-25-04-02 通信终端设备制造工 6-25-04-03 雷达装调工 6-25-04-04 激光设备安装调试员 6-25-04-05 智能硬件装调员 6-25-04-06 电子设备机械装校工 6-25-04-07 电子设备装接工 6-25-04-08 电子设备调试工 6-25-04-09 物联网安装调试员
	6-25-99（GBM 62599）其他计算机、通信和其他电子设备制造人员	
6-26（GBM 62600）仪器仪表制造人员	6-26-01（GBM 62601）仪器仪表装配人员	6-26-01-01 仪器仪表制造工 6-26-01-02 钟表及计时仪器制造工
	6-26-99（GBM 62699）其他仪器仪表制造人员	

续表

中类	小类	细类（职业）
6-27（GBM 62700）再生资源综合利用人员	6-27-01（GBM 62701）废料和碎屑加工处理人员	6-27-01-00 再生物资加工处理工 L
	6-27-99（GBM 62799）其他再生资源综合利用人员	
6-28（GBM 62800）电力、热力、气体、水生产和输配人员	6-28-01（GBM 62801）电力、热力生产和供应人员	6-28-01-01 锅炉运行值班员 6-28-01-02 燃料值班员 6-28-01-03 汽轮机运行值班员 6-28-01-04 燃气轮机值班员 6-28-01-05 发电集控值班员 6-28-01-06 电气值班员 6-28-01-07 火电厂氢冷值班员 6-28-01-08 余热余压利用系统操作工 L 6-28-01-09 水力发电运行值班员 L 6-28-01-10 光伏发电运维值班员 L 6-28-01-11 锅炉操作工 6-28-01-12 风力发电运维值班员 L 6-28-01-13 供热管网系统运行工 6-28-01-14 变配电运行值班员 6-28-01-15 继电保护员
	6-28-02（GBM 62802）气体生产、处理和输送人员	6-28-02-01 燃气储运工 6-28-02-02 气体深冷分离工 6-28-02-03 工业气体生产工 6-28-02-04 工业气体液化工 6-28-02-05 工业废气治理工 L

续表

中类	小类	细类（职业）
		6-28-02-06　压缩机操作工 6-28-02-07　风机操作工
	6-28-03（GBM 62803）水生产、输排和水处理人员	6-28-03-01　水生产处理工 L 6-28-03-02　水供应输排工 L 6-28-03-03　工业废水处理工 L 6-28-03-04　司泵工 6-28-03-05　管廊运维员 L
	6-28-99（GBM 62899）其他电力、热力、气体、水生产和输配人员	
6-29（GBM 62900）建筑施工人员	6-29-01（GBM 62901）房屋建筑施工人员	6-29-01-01　砌筑工 6-29-01-02　石工 6-29-01-03　混凝土工 6-29-01-04　钢筋工 6-29-01-05　架子工 6-29-01-06　装配式建筑施工员 6-29-01-07　乡村建设工匠
	6-29-02（GBM 62902）土木工程建筑施工人员	6-29-02-01　铁路自轮运转设备工 6-29-02-02　铁路线桥工 6-29-02-03　筑路工 6-29-02-04　公路养护工 6-29-02-05　桥隧工 6-29-02-06　凿岩工 6-29-02-07　爆破工 6-29-02-08　防水工 6-29-02-09　水运工程施工工 6-29-02-10　水工建构筑物维护检修工 6-29-02-11　电力电缆安装运维工

续表

中类	小类	细类（职业）
		6-29-02-12　送配电线路工 6-29-02-13　牵引电力线路安装维护工 6-29-02-14　舟桥工 6-29-02-15　管道工 6-29-02-16　铁路综合维修工 6-29-02-17　城市轨道交通检修工
	6-29-03（GBM 62903）建筑安装施工人员	6-29-03-01　机械设备安装工 6-29-03-02　电气设备安装工 6-29-03-03　电梯安装维修工 6-29-03-04　管工 6-29-03-05　制冷空调系统安装维修工 6-29-03-06　锅炉设备安装工 6-29-03-07　发电设备安装工 6-29-03-08　电力电气设备安装工 6-29-03-09　轨道交通通信工 6-29-03-10　轨道交通信号工
	6-29-04（GBM 62904）建筑装饰人员	6-29-04-01　装饰装修工 6-29-04-02　建筑门窗幕墙安装工 6-29-04-03　照明工程施工员
	6-29-05（GBM 62905）古建筑修建人员	6-29-05-00　古建筑工
	6-29-99（GBM 62999）其他建筑施工人员	
6-30（GBM 63000）运输设备和通用工程机械操作人员及有关人员	6-30-01（GBM 63001）专用车辆操作人员	6-30-01-00　专用车辆驾驶员
	6-30-02（GBM 63002）轨道交通运输机械设备操作人员	6-30-02-01　铁路车站行车作业员

续表

中类	小类	细类（职业）
		6-30-02-02　铁路车站调车作业员
		6-30-02-03　机车调度值班员
		6-30-02-04　机车整备员
		6-30-02-05　救援机械操作员
		6-30-02-06　铁路试验检测设备维修工
		6-30-02-07　铁路电源工
	6-30-03（GBM 63003）民用航空设备操作及有关人员	6-30-03-01　航空通信导航监视员
		6-30-03-02　民航机场专用设备机务员
		6-30-03-03　航空油料员
	6-30-04（GBM 63004）水上运输设备操作及有关人员	6-30-04-01　船舶甲板设备操作工
		6-30-04-02　船舶机舱设备操作工
		6-30-04-03　船闸及升船机运管员
		6-30-04-04　潜水员
	6-30-05（GBM 63005）通用工程机械操作人员	6-30-05-01　起重装卸机械操作工
		6-30-05-02　起重工
		6-30-05-03　输送机操作工
		6-30-05-04　索道运输机械操作工
		6-30-05-05　挖掘铲运和桩工机械司机
	6-30-99（GBM 63099）其他运输设备和通用工程机械操作人员及有关人员	
6-31（GBM 63100）生产辅助人员	6-31-01（GBM 63101）机械设备修理人员	6-31-01-01　设备点检员
		6-31-01-02　机修钳工

续表

中类	小类	细类（职业）
		6-31-01-03 电工 6-31-01-04 仪器仪表维修工 6-31-01-05 锅炉设备检修工 6-31-01-06 汽轮机和水轮机检修工 6-31-01-07 电机检修工 6-31-01-08 变电设备检修工 6-31-01-09 工程机械维修工 6-31-01-10 机电设备维修工
	6-31-02（GBM 63102）船舶、航空器修理人员	6-31-02-01 船舶修理工 6-31-02-02 航空器机械维护员 6-31-02-03 航空器部件修理工 6-31-02-04 航空发动机修理工 6-31-02-05 航空器外场维护员
	6-31-03（GBM 63103）检验试验人员	6-31-03-01 化学检验员 6-31-03-02 物理性能检验员 6-31-03-03 生化检验员 6-31-03-04 无损检测员 6-31-03-05 质检员 6-31-03-06 试验员
	6-31-04（GBM 63104）称重计量人员	6-31-04-00 称重计量工
	6-31-05（GBM 63105）包装人员	6-31-05-00 包装工
	6-31-06（GBM 63106）安全生产管理人员	6-31-06-00 安全员
	6-31-07（GBM 63107）工业机器人操作运维人员	6-31-07-01 工业机器人系统运维员 S

续表

中类	小类	细类（职业）
		6-31-07-02　工业视觉系统运维员 S 6-31-07-03　工业机器人系统操作员 S 6-31-07-04　智能制造系统运维员 S 6-31-07-05　智能网联汽车装调运维员 S
	6-31-99（GBM 63199）其他生产辅助人员	
6-99（GBM 69900）其他生产制造及有关人员	6-99-00（GBM 69900）其他生产制造及有关人员	

第七大类　7（GBM 70000）军队人员

中类	小类	细类（职业）
7-01（GBM 70100）军官（警官）	7-01-00（GBM 70100）军官（警官）	7-01-00-00　军官（警官）
7-02（GBM 70200）军士（警士）	7-02-00（GBM 70200）军士（警士）	7-02-00-00　军士（警士）
7-03（GBM 70300）义务兵	7-03-00（GBM 70300）义务兵	7-03-00-00　义务兵
7-04（GBM 70400）文职人员	7-04-00（GBM 70400）文职人员	7-04-00-00　文职人员

第八大类　8（GBM 80000）不便分类的其他从业人员

中类	小类	细类（职业）
8-00（GBM 80000）不便分类的其他从业人员	8-00-00（GBM 80000）不便分类的其他从业人员	8-00-00-00　不便分类的其他从业人员

新增补的职业

2-02-32-02　生物工程技术人员

从事生物工程技术研究、工艺过程和工程设计、产品技术研究开发、质量检测、相关技术指导及其产业化与科学成果转化的工程技术人员。

主要工作任务：

1. 规划生物工程技术研究报告；
2. 制定生物工程工艺过程、工程设计的工作流程和工艺配置；
3. 编写生物工程项目、产品研发的可行性研究报告；
4. 设计生物工程产品的生产实验流程，选定实验装置设备和原辅料，控制实验条件和工艺参数，整理分析确定实验结果；
5. 编写生物工程产品的生产技术规程，制定生物工程产品的生产控制指标，编制生产计划和生产调度计划，并指导生产；
6. 进行生物工程产品的生产制作、质量管理、储运规划，以及分析处理和成本控制；
7. 检验、检测生物工程产品，分析、收集、整理、保存质量认证相关资料；
8. 收集、检测、反馈、报告生物工程产品的应用实践过程，并总结、改良、完善。

2-05-07-17　口腔卫生技师

从事口腔疾病预防、卫生保健、疾病辅助诊疗等口腔卫生服务工作的专业人员。

主要工作任务：

1. 使用洁治器、刮治器等器具进行口腔洁治或刮治；
2. 使用菌斑指示剂、牙刷、洁治器等清除口腔牙菌斑；
3. 使用防龋涂料、窝沟封闭剂等材料进行口腔防龋和窝沟封闭；
4. 使用漂白剂等对口腔牙齿进行漂白；
5. 使用筛查指示剂等对口腔癌症进行筛查；
6. 进行牙颌畸形矫治和人工种植牙修复后的口腔卫生维护；
7. 协助口腔医师进行口腔疾病诊疗；
8. 参与口腔流行病学调查；
9. 进行口腔健康咨询和口腔保健科普宣传。

4-04-04-07　网络安全等级保护测评师 S

使用相关技术、方法和工具，依据国家网络安全等级保护相关法律法规和技术标准，对网络系统和数据开展安全技术和安全管理测评的人员。

主要工作任务：

1. 开展网络安全等级保护测评技术研究；
2. 利用信息收集工具或相关技术，采集分析测评对象基本信息；
3. 制定测评对象的网络安全等级保护测评方案及实施计划；

4. 制定测评作业指导书，开展网络安全管理和安全技术的测评、分析和记录；

5. 对网络安全等级保护测评工作中发现的问题进行安全风险分析，提炼总结重大风险隐患；

6. 编制网络安全等级保护测评报告，协助测评对象开展安全设计，提供整改建议咨询。

4-04-05-12　云网智能运维员 S

从事云网相关服务系统运维，运用云计算和智能网络技术及工具，实现云网日常管理、运行维护、性能调优、故障排除、应急处置等工作的人员。

主要工作任务：

1. 安装、部署云计算管理平台，配置网络设备运行参数；

2. 定期巡检，备份日志，清理垃圾文件；

3. 分析、评估设备运行指标，扩容或调整相应设备；

4. 监控、收集业务运行指标，制定优化方案，提升用户体验；

5. 处理云网系统应急突发事件，排除系统运行故障；

6. 运用云计算、人工智能等新技术，提出云网系统架构的优化改进建议，制定实施方案。

4-04-05-13　生成式人工智能系统应用员 S

运用生成式人工智能技术及工具，从事生成式人工智能系统设计、调用、训练、优化、维护管理等工作的人员。

主要工作任务：

1. 设计数据输入、模型选择、输出格式等生成式人工智能系统整体架构，制定生成策略；

2. 调用不同生成式人工智能模型或应用开发接口（API），生成文本、图像、音频、视频等内容；

3. 依法依规收集、处理和标注训练数据，对数据标注进行质量评估、抽样检验，训练不同应用场景中的生成式人工智能模型；

4. 分析系统性能瓶颈，调整模型参数，改进算法或引入新技术，优化生成式人工智能系统的性能和效率；

5. 在实际应用场景中部署训练和优化后的生成式人工智能系统；

6. 检查和更新生成式人工智能系统；

7. 管理相关文档和资源，按照服务规范提供技术咨询、支持和培训。

4-04-05-14　工业互联网运维员 S

使用软件、专用设备、检测仪器及工具，对工业互联网系统进行网络互联互通、数据采集处理、标识解析应用、平台应用优化、系统安全维护的人员。

主要工作任务：

1. 组装工业互联网设备及相关附件，建立设备与设备、设备与网络的连接；

2. 执行工业数据采集系统方案，进行数据采集与分析；

3. 安装调试工业互联网标识解析系统，监测系统运行；

4. 部署并优化工业互联网系统和自动化生产线，负责权限管理及 API、APP、Web 端开发和优化；

5. 制定工业互联网系统的软硬件例行排查点，追查并排除可能存在的隐患，分析、诊断与维修工业互联网系统和设备平台的故障，制定工业互联网系统数据备份与灾备策略，定期完成数据恢复性测试。

4-04-05-15　智能网联汽车测试员 S

使用工具、量具、检测仪器及设备，对智能网联汽车及其相关零部件进行功能验证和测试的人员。

主要工作任务：

1. 研究和制定智能网联汽车测试计划和方案；
2. 搭建测试环境，对智能网联汽车的智能座舱、智能驾驶、智能网联等功能和性能进行测试；
3. 使用传感器标定设备，对智能网联汽车进行标定和校准，并验证功能；
4. 使用仿真工具，模拟不同驾驶场景，对整车或者零部件进行测试；
5. 采集智能网联汽车道路测试数据，并标注分类整理；
6. 使用专业工具，对传感器、线控底盘、计算平台等零部件进行测试；
7. 搭建软件算法测试环境，对智能网联汽车各算法模块精度进行测试；
8. 记录分析测试数据，并编写测试报告。

4-05-02-02　有色金属现货交易员

从事有色金属现货调研、收购、销售、保值、风控、储运、交割等交易活动，提供对应的业务操作、贸易咨询服务的人员。

主要工作任务：

1. 进行市场调研，收集、分析有色金属原材料市场数据及价格走势，收集、分析有色金属货源、贸易客户等信息；
2. 接洽客户委托，分级建立客户信息档案，评估其货源质量及供销情况，维护客户关系；
3. 分析客户需求特点，为客户制定并提供相应的贸易服务方案；
4. 准备货物交易报价，实施竞价交易活动，核对竞价交易信息，签订交易合同及服务内容事项；
5. 根据现货采购和销售情况，结合市场行情趋势，制定套期保值、套利方案，并及时进行现货期货转换操作；
6. 监督和反馈交易中的风险异常，包含交易监控、风险评估、超额度及其他风险事件预警，形成各类风险评估及管理报告；
7. 建立套期保值、贸易结算的台账，编制财务报表，完成交易资金的发起、审核、调拨、结算；
8. 负责交易授权、合同法律合规性审核，进行交易合同执行及合同管理；
9. 按约定完成货物仓储、物流运输、货物交割，跟踪订单生产及物流情况，检查确认物料数量与质量情况。

4-07-02-06　用户增长运营师 S

运用数字化工具，从事企业或机构用户增长、管理及运营等工作的人员。

主要工作任务：

1. 根据企业或机构的发展阶段、经营目标设定用户增长目标；
2. 运用线上、线下的营销手段为企业或机构吸纳新用户，并建立与用户的在线交互社群，确保用户的留存；
3. 在社群内根据用户类别、需求等特征进行标签化管理，制定标准化运营和服务流程；
4. 为用户提供咨询、交易等服务，激发用户活跃性，提升用户对企业或机构的认可度和信任度；
5. 收集用户对产品、服务的反馈，提

供给生产相关部门参考、改进。

4-07-07-04　会展搭建师

从事会展活动场地的搭建和布置，以及负责会展活动结束后的拆除和清理工作的人员。

主要工作任务：

1. 理解并解读会展设计方案，确认设计要求，并提出可行性建议；

2. 搭建展台或展厅主体结构；

3. 安装装饰物品，摆放辅助展具和展品；

4. 安装灯光、音响等多媒体设备；

5. 拆除搭建的结构，并清理展位；

6. 处理搭建和拆除过程中的其他问题。

4-08-08-30　文创产品策划运营师

从事文化创意产品的策划，结合市场需求设计具有文化元素的产品，对文创产品进行营销运营的人员。

主要工作任务：

1. 根据文创产品的设计任务，挖掘提炼文化素材和资源，选取合适的文化元素；

2. 根据市场审美需求，结合提炼的文化元素，分析确定文创产品的定位和风格；

3. 确定文创产品的概念和材质工艺内容；

4. 按照设计方案，制作文创产品，控制产品质量；

5. 组织实施不同形式的产品发布会、宣传推广、营销活动等；

6. 申报注册文创产品的知识产权，确保创意的合法性和权益保障；

7. 收集和分析市场反馈，对产品的销售和社会舆情进行统计分析；

8. 对文创产品项目的档案和合同进行管理，确保项目资料的完整性和可追溯性。

4-11-01-04　储能电站运维管理员 L

使用工具、量具、检测仪器及设备，进行电化学、压缩空气、飞轮等储能单元或系统的数据采集、状态监测、运行维护及设备资料管理的人员。

主要工作任务：

1. 操作、监控储能电站运行设备；

2. 巡视检查储能电站一次、二次及单元设备；

3. 进行储能电站倒闸操作、功率调整；

4. 定期维护并使用检测设备对储能电站箱、柜、屏等设备及安全工具、消防设备进行试验；

5. 进行储能电站储能单元、一次、站用电交直流等设备异常及故障处理。

本职业包含但不限于下列工种：

电化学储能电站运维员　压缩空气储能电站运维员　飞轮储能电站运维员

4-11-01-05　电能质量管理员 L

从事电力系统电能质量测试、监测、评估、治理以及管理电能质量设备，进行调试、维修、改造的人员。

主要工作任务：

1. 制定电能质量监测方案，安装、调试监测装置；

2. 定期检验维护电能质量监测装置；

3. 进行干扰源、敏感用户等接入电力系统的电能质量评估；

4. 制定电能质量调控方案，配置、调试、改造调控和治理设备；

5. 验收电能质量监测装置、调控及治理设备等；

6. 发现、分析、处理电能质量指标异

常事件；

7. 发现、分析、处理监测装置、调控及治理设备缺陷和故障；

8. 编制电能质量报告。

4-13-01-09　版权经纪人

从事版权交易、版权登记代理、版权贸易、版权价值评价等相关服务的人员。

主要工作任务：

1. 提供信息收集、客户需求分析、委托合同拟订、费用结算等版权交易服务；

2. 提供版权登记、合同备案、质权登记等代理服务；

3. 采集版权贸易市场信息，提供版权贸易咨询服务，代理版权许可使用或转让，开展版权贸易谈判，制定版权营销策略；

4. 厘清版权权属，评价版权价值；

5. 提供版权法律咨询服务。

4-13-01-10　网络主播 S

基于互联网，以直播、实时交流互动、上传音视频节目等形式发声、出镜，提供网络表演、视听信息服务的人员。

主要工作任务：

1. 进行网络表演、视听需求分析，协助确定直播或拍摄脚本内容；

2. 编写网络表演、视听内容发播稿或直播脚本文案，并进行备稿；

3. 设计基于节目定位、直播主题和主播个人特点的出镜、声音、妆造形象；

4. 制作传播符合社会主义核心价值观的内容，控制网络表演、交流互动、视听节目等制作进程，引导话题方向和内容；

5. 有序组织实施线上互动活动等，管理连麦、弹幕、评论等互动内容，处置同步或异步传播中用户互动突发情况；

6. 参与网络表演、视听内容等传播中的数据统计、分析和优化等。

4-14-05-08　滑雪巡救员

在滑雪场所，对滑雪者及设施设备进行安全巡查，并对伤者在医疗救治前实施救助的人员。

主要工作任务：

1. 巡查滑雪场所安全，排除安全隐患；

2. 巡查滑雪者的状况，并进行安全提醒与防护；

3. 对伤者进行伤情评估和院前应急救助；

4. 对伤者进行转移运送。

6-17-01-08　氢基直接还原炼铁工 L

操作反应竖炉、加热器、工艺回路系统、二氧化碳脱除系统、装排料系统、涂覆系统、筒仓系统等设备，生产符合质量标准的氢基直接还原铁的人员。

主要工作任务：

1. 操作反应竖炉，监控竖炉控制系统设备，调整工艺参数，指挥、协调各岗位操作，生产符合质量标准的 DRI；

2. 操作加热器，使加热器工艺气体出口温度达到规定值；

3. 操作补给气压缩机、循环气压缩机，以及工艺回路的分离塔、加湿器、急冷器、冷却塔等设备，合理匹配流量、温度、压力等工艺参数，保证工艺回路的稳定运行，满足反应竖炉的生产需求；

4. 操作二氧化碳脱除系统设备，脱除工艺气体中的二氧化碳；

5. 监控原料储存情况，联系原料运送，验收原料，将原料送入皮料仓；

6. 操作涂覆系统设备，对球团或块矿

进行涂覆作业；

7. 操控装料设备，实现球团或块矿原料按需求、比例安全连续装入高压工作状态中的反应竖炉；操作竖炉排料设备，实现热态的 DRI 产品从反应竖炉中连续排放至外置冷却器；操作外置冷却器排料设备，实现冷态的 DRI 产品安全稳定排放到产品输送皮带，并在筒仓中储存。

本职业包含但不限于下列工种：

反应竖炉操作工　工艺回路操作工　脱碳工　加热器运行工　涂覆工　装排料工　筒仓工

6-31-07-04　智能制造系统运维员 S

从事智能制造系统数据采集、状态监测、故障分析与诊断、预防性维护、保养作业和优化生产的人员。

主要工作任务：

1. 对智能制造系统软硬件进行常规性检查和诊断；

2. 对智能制造系统进行参数设定和程序修改；

3. 使用工具和软件，对智能制造系统运行参数、工作状态等数据进行采集和监测；

4. 操作智能制造软件和设备，对智能制造系统生产进行优化；

5. 对智能制造系统实施升级改造；

6. 对智能制造系统故障进行分析、诊断与维修；

7. 编制智能制造系统运行维护、维修报告。

6-31-07-05　智能网联汽车装调运维员 S

使用专用设备、工具、仪器仪表，对智能网联汽车和路侧设备进行装配、调试、检测、联调、状态监测、运维等工作的人员。

主要工作任务：

1. 使用车载信息通信终端、智能汽车故障自检仪等相关设备、工具和仪器仪表，对智能网联汽车进行装配、调试、检测、联调；

2. 使用诊断电脑、标定专用套件等相关设备、工具和仪器仪表，对智能网联汽车进行检查、维护、标定、故障诊断；

3. 使用数据采集系统等相关设备、工具和仪器仪表，对智能网联汽车路侧设备进行数据采集、状态监测、故障诊断、检修和预防性维护与保养。

本职业包含但不限于下列工种：

智能网联汽车装调员　智能网联汽车运维员　智能网联　汽车路侧设备装调运维员

新增补的工种

（一）在“营销员（4-01-02-01）”职业下增设“汽配销售经理人”“售后服务管理员”2个工种。

（二）在“农产品经纪人（4-01-03-01）”职业下增设“花卉经纪人”工种。

（三）在“互联网营销师（4-01-06-02）”职业下增设“生活服务体验员”工种。

（四）在“物流服务师（4-02-06-03）”职业下增设“大件物流员”工种。

（五）在“食品安全管理师（4-03-02-11）”职业下增设“食品安全快检员”工种。

（六）在“计算机程序设计员（4-04-05-01）”职业下增设“低代码开发员”“移动操作系统应用设计员”“工业软件设计员”3个工种。

（七）在“人工智能训练师（4-04-05-05）”职业下增设“人工智能数字人训练师”工种。

（八）在“信息系统适配验证师（4-04-05-09）”职业下增设“信息系统适配运维师”工种。

（九）在“房地产经纪人（4-06-02-01）”职业下增设“住房租赁员”工种。

（十）在“风险管理师（4-07-02-01）”职业下增设“风险评估师”工种。

（十一）在“招聘师（4-07-03-08）”职业下增设“直播招聘师”工种。

（十二）在“养老护理员（4-10-01-05）”职业下增设“社区助老员”“老年助浴员”2个工种。

（十三）在“汽车维修工（4-12-01-01）”职业下增设“商用车维修工”工种。

（十四）在“体育场馆管理员（4-14-05-02）”职业下增设“冰鞋维修师”“雪板维护师”“雪鞋维修师”“雪道规划师”“冰刀维护师”“造雪师”6个工种。

（十五）在“民宿管家（4-14-06-02）”职业下增设“休闲露营地管家”工种。

（十六）在“印刷操作员（6-08-01-02）”职业下增设“印刷工艺员”工种。

（十七）在“汽车装调工（6-22-02-01）”职业下增设“商用车装调工”工种。

（十八）在“混凝土工（6-29-01-03）”职业下增设“喷射混凝土员”工种。

（十九）在“装饰装修工（6-29-04-01）”职业下增设“装配式装修安装工”工种。

调整变更的职业（工种）

（一）将“制药工程技术人员（2-02-32-00)”职业编码变更为“2-02-32-01”。

（二）将“物联网工程技术人员（2-02-38-02)”职业定义变更为“从事包括智能网联汽车等物联网架构、平台、芯片、传感器、智能标签等技术的研究和开发，以及物联网工程的设计、测试、维护、管理和服务的工程技术人员”。

（三）将“口腔医学技师（2-05-07-02)”职业名称变更为“口腔修复技师”。

（四）将“应急救援员（3-02-03-08)”职业下“直升机紧急救护员”工种名称变更为“直升机紧急救援员”。

（五）将“证券期货服务师（4-05-02-00)”职业编码变更为“4-05-02-01”。

（六）将“养老护理员（4-10-01-05)”职业下“失智老年人照护员”工种名称变更为“认知障碍照护员”。

（七）将“婚姻家庭咨询师（4-10-05-03)”职业名称变更为“婚姻家庭辅导师”。同时，将职业定义变更为“在恋爱、婚姻及家庭生活中，进行情感、人际关系、家庭危机等咨询及辅导服务的人员”。将主要工作任务变更为：

1. 进行适婚类型、婚姻质量、婚姻能力有关测评；

2. 进行婚姻观念、家庭和谐、亲子教育、家庭成员身心健康的咨询和辅导服务；

3. 进行婚前、婚后关系调适及家庭人际关系调适的咨询和辅导服务；

4. 提出解决婚恋障碍、婚姻危机、家庭矛盾、亲子问题的建议、方案；

5. 进行离异、再婚、丧偶的心理疏导和咨询辅导服务。

（八）将“研学旅行指导师（4-13-04-04)”职业名称变更为“研学旅游指导师”。同时，将职业定义变更为“策划、制定、实施研学旅游方案，组织、指导开展研学体验活动的人员”。

（九）将“化妆品配方师（6-11-10-03)”职业定义变更为“使用化妆品原料，研究设计化妆品配方及制定生产工艺的人员”。同时，将主要工作任务变更为：

1. 评价和选择化妆品原料；

2. 设计不同形态及功效的化妆品配方；

3. 设计化妆品生产工艺，选择生产设备；

4. 使用仪器设备，试制化妆品样品，确定生产工艺；

5. 识别判断产品质量安全与功效；

6. 收集分析品质评价结果、行业动态及消费者需求，调整和更新化妆品配方。

（十）将“化妆品制造工（6-11-10-04)”职业下所列工种取消，将职业定义变更为“操作乳化、研磨、过滤、压型等设备，将化妆品原料制成化妆品的人员”。同时，将主要工作任务变更为：

1. 操作设备对原料进行预加工；

2. 操作计量设备，按照配方对原料进行称量、配料；

3. 操作真空乳化、混合、过滤、研磨、筛粉等设备，制成化妆品；

4. 操作浇铸、开模、压型或充气等设备，灌装化妆品产品；

5. 调控生产过程中的温度、时间、搅拌速度、压力等工艺参数；

6. 处置生产过程中产生的废料等；

7. 清洗设备，清理生产场地。

（十一）将“电力电气设备安装工(6-29-03-08)”职业下“电动汽车充电桩安装检修工”工种名称变更为“新能源汽车充电桩安装检修工”。

职业名称笔画索引

（三画）

（四画）

（五画）

（六画）

（八画）

（九画）

（十二画）

职业名称拼音索引